ÉGYPTE

NOTES ET ITINÉRAIRES

1882

PARIS

LIBRAIRIE MILITAIRE DE J. DUMAINE

LIBRAIRE-ÉDITEUR

L. BAUDOIN & Ce, Successeurs

30, RUE ET PASSAGE DAUPHINE, 30

1882

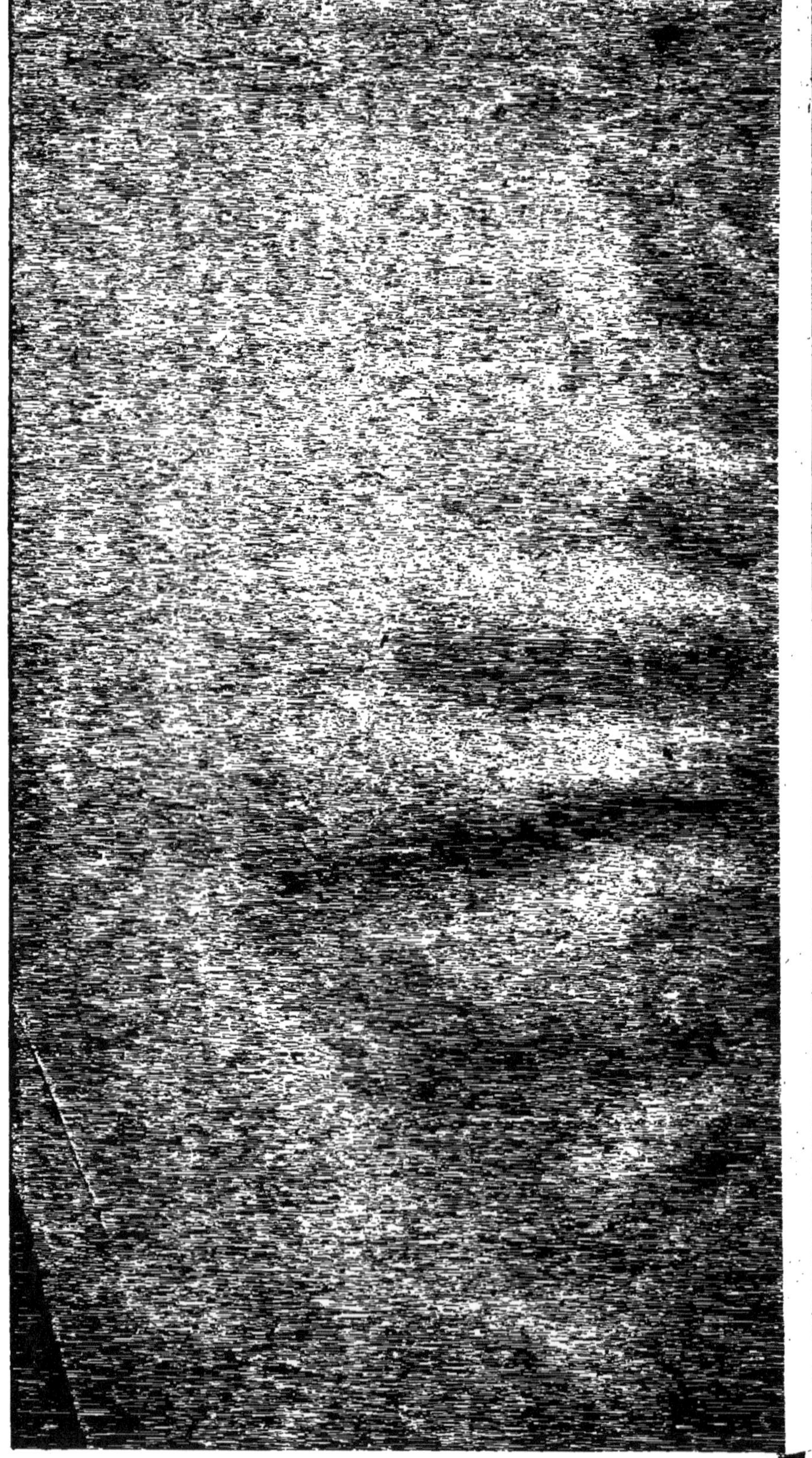

ÉGYPTE

NOTES ET ITINÉRAIRES

—

1882

PARIS. — IMPRIMERIE L. BAUDOIN ET Cᵉ, RUE CHRISTINE, 2.

ÉGYPTE

NOTES ET ITINÉRAIRES

—

1882

PARIS

LIBRAIRIE MILITAIRE DE J. DUMAINE

LIBRAIRE-ÉDITEUR

L. BAUDOIN & C°, Successeurs

30, RUE ET PASSAGE DAUPHINE, 30

—

1882

Les Notes et Itinéraires, composés à la hâte pour les besoins de l'armée, se divisent en trois parties :

I. — Renseignements généraux :
II. — Statistique ;
III. — Itinéraires.

Les Itinéraires se subdivisent eux-mêmes en :

Chemins de fer ;
Routes et chemins :
Voies navigables.

Une Notice sur l'armée égyptienne complète ce travail.

Paris, le 31 août 1882.

1

RENSEIGNEMENTS GÉNÉRAUX.

I

RENSEIGNEMENTS GÉNÉRAUX.

Divisions de l'Égypte.

L'Égypte se compose de deux parties :
1° La vallée du Nil, fertile et peuplée ;
2° Les déserts, qui l'enveloppent de tous côtés, renferment de rares oasis et sont parcourus par les tribus nomades ou les caravanes.

Au point de vue géographique, la vallée du Nil se divise en trois contrées :
1° La *haute Égypte*, depuis la cataracte d'Assouan jusqu'à Saquiet-Mouçah, sur le Nil, entre Manfalout et Minièh.
2° La *moyenne Égypte*, entre Saquiet-Mouçah et Gizèh ;
3° La *basse Égypte*, de Gizèh à la mer, comprenant le Delta.

Le Nil.

Le Nil est navigable et régulier depuis Assouan (1) jusqu'à la mer. La pente moyenne du fleuve est de 11 cent. par kilom. entre Assouan et le Caire, et de 4 cent. au plus par kilom. entre le Caire et la mer.

La largeur de la vallée supérieure du Nil entre Assouan et Esneh n'est que de 5 kilom. ; après Esneh, elle s'élargit, atteint

---

(1) L'orthographe adoptée pour les noms propres est celle de l'itinéraire du Dr Isambert (dernière édition).

16 kilom. environ entre Esneh et Kénèh, et 20 à 25 kilom. entre Kénèh et le Caire. Le Delta commence à la jonction des branches de Damiette et de Rosette, à 16 kilom. au-dessous du Caire; la largeur de la vallée augmente insensiblement depuis ce point jusqu'à la mer, où elle atteint 240 kilom., entre Péluse et Aboukir.

La largeur du Nil est de 1,200 mètres dans la haute et la moyenne Égypte, et de 600 en moyenne dans le Delta; la vitesse du courant est d'environ 70 cent. par seconde (2,500 mètres à l'heure) pendant les eaux moyennes, et de 1 mètre par seconde (3,600 mètre à l'heure) pendant les hautes eaux.

La hauteur des berges du fleuve est de 11 mètres dans la haute Égypte, de 6 à 7 mètres dans la moyenne Égypte. A partir du Caire, elle décroît jusqu'à 2 mètres au-dessus des basses eaux.

La chaîne arabique borde le Nil sur la rive droite et la chaîne lybique sur la rive gauche. La première s'élève progressivement depuis les rives du haut Nil, où elle forme souvent de hautes falaises, jusqu'aux rives de la mer Rouge, où elle atteint une hauteur presque double. La chaîne lybique, dont la hauteur dans la vallée du haut Nil est à peu près la même que la précédente, s'abaisse, au contraire, assez rapidement, jusqu'à la dépression des oasis. Pendant que la chaîne arabique serre de près la rive droite du Nil, la chaîne lybique s'en écarte peu à peu, de sorte que la largeur de la vallée se trouve presque tout entière sur la rive gauche.

Régime du Nil.

Le fleuve croît régulièrement de juin en octobre, et décroît de novembre en février. De février en mai, il reste à peu près stationnaire; c'est l'époque des basses eaux. Le régime est donc le suivant :

Juin, juillet et août	Eaux croissantes.
Septembre et octobre.	Eaux les plus hautes.
Novembre, décembre et janvier . .	Eaux décroissantes.
Février, mars, avril et mai	Basses eaux.

La crue commence généralement au Caire, le 6 juin et a son maximum le 26 septembre.

Avant que les eaux aient atteint leur maximum, on ouvre les canaux de dérivation pour faciliter ou étendre l'inondation. Sauf dans les années exceptionnelles, ou dans les cas de rupture des digues, le terrain de la plaine n'est pas entièrement couvert par les eaux ; les parties laissées à sec s'humectent par infiltration, ou sont arrosées artificiellement.

Pour que la récolte soit bonne, il faut que l'inondation ne soit ni trop basse, ni trop haute.

Le Nil est la vie de l'Égypte. Son limon féconde les terres ; et ses eaux maintiennent une humidité bienfaisante, qui se traduit par d'abondantes rosées.

L'eau du Nil est pure, légère et agréable au goût. Pendant les inondations, elle entraîne avec elle des parties de limon.

Produits agricoles.

L'Égypte a été, dans l'antiquité, le grenier du monde. Si elle a perdu ce rôle dans les temps modernes, elle est encore d'une grande richesse, surtout en céréales. Ses principaux produits sont : le blé, l'orge, les fèves, le coton, les lentilles, le safran, le maïs, l'indigo, le riz, le chanvre, le lin, la canne à sucre, le café, le tabac, l'opium, les dattes, l'essence de roses.

Vers les premiers jours de décembre, dès que les eaux sont rentrées dans les canaux, et que la terre est découverte, mais encore à l'état de boue, les semailles commencent. Le poids de la semence la fait pénétrer dans la terre liquide. On récolte en mars.

La terre a conservé assez d'humidité pour n'avoir pas besoin d'arrosements ; les rosées, d'ailleurs, sont très abondantes.

Si l'inondation a été assez forte, on obtient une seconde récolte de dourrah (1), maïs, etc. ; et même une troisième de concombres, fourrages, plantes potagères. Dans le cas d'une inondation insuffisante, on y supplée par des irrigations artificielles.

Climat.

Les pluies sont très rares dans la moyenne et la haute Égypte. Dans le Delta, elles règnent en décembre et janvier, pour cesser graduellement en février. Ce sont alors des averses, qui reparaissent de dix en dix minutes ; les nuages qui les apportent viennent de la mer ; on peut suivre leur course et se ménager un abri.

Les rosées sont très abondantes de novembre en mars, et il y a lieu de se prémunir en conséquence.

Le climat de l'Égypte est relativement modéré. Il n'y a pour ainsi dire que deux saisons : 1° la saison tempérée, d'octobre à

---

(1) Dourrah : sorte de millet.

mars, qui peut être comparée à nos belles journées de printemps et d'automne ; la saison chaude, d'avril à la fin de septembre.

La température varie dans les limites suivantes :

	Maximum.	Minimum.
Basse Égypte............	28°	11°
Moyenne Égypte........	40°	10°
Haute Égypte..........	48°	9°

En mai, juin, juillet et août, soufflent des vents réguliers du Nord et du Nord-Est. Ils commencent vers 10 heures à Port-Saïd, vers 3 ou 4 heures à Ismaïlia et pendant la nuit à Suez. Dans cette saison, les nuits sont humides et chaudes sur les côtes de la Méditerranée ; sèches et fraîches, sur les bords de la mer Rouge.

De janvier à mars, règnent les vents du Sud-Est.

D'avril à mai, se font sentir le khamsin et le simoun, tous deux insupportables, mais heureusement de courte durée.

Hygiène.

Les Européens résistent au climat pendant un temps plus ou moins long, suivant les fatigues auxquelles ils sont soumis, et surtout suivant les règles d'hygiène qu'ils observent.

Il faut manger peu le matin, boire le moins possible et éviter les alcools. Le repas du soir doit, au contraire, être fortifiant. Les aliments gras et la viande de porc doivent être soigneusement écartés. La meilleure boisson est le café additionné d'eau. On doit prendre du vin avec modération et seulement au repas du soir.

Si l'on marche, il faut partir de bon matin, se reposer entre 11 heures et 2 heures, et marcher de nouveau jusqu'à 6 ou 7 heures du soir.

Il faut avoir la tête bien couverte pour éviter les coups de soleil et se mettre en garde contre la fraîcheur subite des soirées. Une tente, une couverture de laine, de la flanelle portée sur le corps et changée dès qu'elle est baignée de sueur, une ceinture autour du ventre, sont de toute nécessité.

Constructions et habitations.

Les maisons des fellahs sont en général de simples cases construites en briques faites d'un mélange de terre et de paille séché au soleil, et recouvertes d'un crépis très lisse de terre argileuse ; elles sont à peine élevées de 2^m,50 et surmontées d'une terrasse ou de quelques roseaux qui forment un abri insuffisant contre le soleil. L'ensemble des constructions est entouré d'un mur en pisé. La plupart des villages sont construits sur des levées de terre qui les mettent à l'abri des inondations.

Moyens de transport.

Les ânes sont la monture la plus usitée en Égypte ; ceux de la basse Égypte sont doux, patients, courageux. Ils sont conduits par des enfants ou des jeunes fellahs. L'âne est inséparable de l'ânier, qui seul parvient à s'en faire obéir.

On trouve aussi en Égypte d'excellents chevaux, mais en petit nombre.

Les chameaux sont employés comme animaux de bât ou comme montures.

Depuis la mer jusqu'au delà d'Assouan, le Nil est parcouru par des bâteaux à vapeur et des embarcations de toute grandeur.

Saisons où on peut se rendre en Égypte.

La meilleure saison pour se rendre en Égypte, est l'automne ou l'hiver. On peut voyager dans la basse Égypte en toute saison, sauf en été (juillet, août et septembre), où les chaleurs sont trop fortes et où le pays est couvert, en grande partie, par l'inondation. En octobre et en novembre, les chaleurs sont passées et l'inondation est à sa période décroissante.

Dans la haute Égypte, on peut voyager de la fin d'octobre à la fin de mars au plus tard.

Voies de communication.

Les renseignements relatifs aux voies de communication peuvent être divisés en trois parties :

1° Chemins de fer ;

2° Routes et chemins ;

3° Voies navigables, canaux.

1° CHEMINS DE FER. — Les voies ferrées sont relativement nombreuses dans la basse Égypte. Une voie ferrée parcourt la moyenne et la haute Égypte en suivant la rive gauche du Nil depuis le Caire jusqu'à Syout ; elle est continuée jusqu'à Kénèh, et sera bientôt livrée à l'exploitation sur tout son parcours.

Au lieu de traverses en bois, les Égyptiens font usage, pour supporter la voie, de cloches en fonte reliées par des tringles en fer perpendiculaires à la voie. Ces cloches, bourrées de sable, suffisent pour assurer la fixité du système.

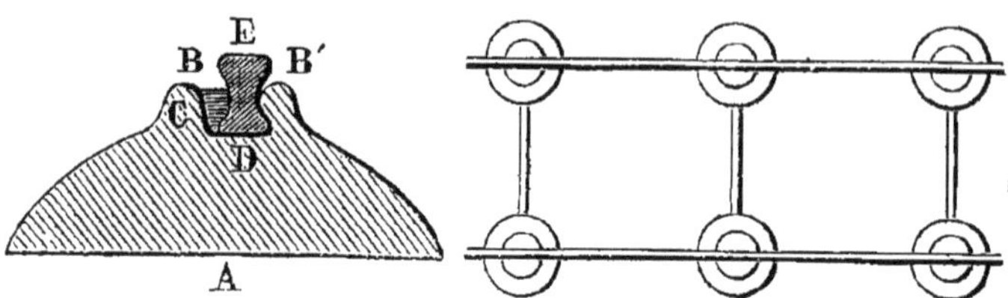

A. Profil d'une cloche.

D. Encoche sur laquelle le rail repose.

B. B'. Saillies de l'encoche.

E. Rail.

C. Coin appliqué entre le rail et la saillie extérieure B, pour assurer la fixité de la voie.

Les voies construites par des ingénieurs anglais ont 1^m,44 de largeur entre rails.

Le relief de la voie au-dessus du désert (ligne du Caire à Suez) est de 40 à 60 cent.

Le relief des voies au-dessus du sol du Delta varie de 1 mètre à 2 mètres et quelquefois plus. Les chaussées peuvent être inondées et même coupées, en octobre et novembre, si les digues viennent à se rompre. La ligne d'Ismaïlia au Caire est très élevée au-dessus du sol, et il n'est pas à craindre, à moins de circonstances exceptionnelles, qu'elle soit inondée.

Le matériel roulant est en assez mauvais état (1).

Les wagons à bestiaux et les trucs destinés au transport des balles de cotons peuvent être aménagés pour le transport de 30 à 50 personnes.

2° ROUTES. — Il n'existe en Égypte *aucune route*, dans le sens attribué à ce mot en Europe. Les petits transports se font à dos de chameau ; les transports de marchandises s'effectuent par chemins de fer, ou sur les bateaux de toute nature qui sillonnent le Nil et les grands canaux.

Les communications entre les villes et les villages se font par les digues de hauteur variable qui bordent les cours d'eau et séparent les divisions de cultures. Ces digues sont irrégulières, étroites à la partie supérieure et coupées fréquemment par les canaux ou rigoles d'irrigation perpendiculaires à leur direction. Les plus importantes sont cependant pourvues de passerelles et même de ponts. Les indigènes circulent avec leurs ânes, leurs mulets ou leurs chameaux

---

(1) Voir la composition de ce matériel. Statistique page 26.

sur ces chaussées, qui sont les véritables voies de communication du pays. Il y en a peu qui puissent être suivies par l'artillerie, et sans guide, il serait difficile de se diriger, surtout pendant la période des inondations.

Le reste de l'année, lorsque le sol a repris sa solidité, on peut passer partout et tourner assez facilement les obstacles qui viennent d'être décrits. Les rigoles ont en moyenne 1 mètre de largeur; les grands canaux seuls, comme le Mahmoudièh, le Bahr Moëzz, le Bahr Safra, ont une grande largeur de 10 à 30 mètres et ne peuvent être franchis qu'aux endroits assez rares où il existe des ponts.

Il en résulte que les communications dans le sens des cours d'eau, c'est-à-dire du Nord au Sud, sont relativement faciles, tandis que les communications latérales, de l'Est à l'Ouest ou inversement, sont précaires et obligent souvent à de longs détours, à moins qu'on ne dispose de moyens de passage portatifs pour franchir les petits canaux et les rigoles.

Si les barrages et les digues qui existent en aval du Caire, à la pointe du Delta, venaient à être rompus pendant les hautes eaux, le fleuve se répandrait dans tout l'intérieur du Delta et transformerait la plaine en un marécage inaccessible. Les digues resteraient alors les seules lignes émergeant au milieu de l'inondation, mais sans constituer dans leur ensemble un système complet de viabilité. Les communications entre la côte et le Caire seraient par le fait rejetées vers les côtés extérieurs du Delta, c'est-à-dire sur les limites mêmes des terres cultivées.

3° VOIES NAVIGABLES. — Le Nil est navigable depuis Assouan jusqu'à la mer. — Les grands canaux peuvent supporter des bateaux de grande dimension et pesamment chargés; les voies de communication par eau sont nombreuses et partout faciles.

OUVRAGES A CONSULTER :

Arthur RHONÉ. *L'Égypte à petites journées*. Paris, 1877.

RITT. *Histoire de l'isthme de Suez*. Paris, 1869, Hachette.

LACOUR. *L'Égypte, d'Alexandrie à la seconde cataracte*. Paris, 1871, Hachette.

LE TOUR DU MONDE. Numéros 732 à 735.

J. MARCEL. *Égypte depuis la conquête des Arabes*. Paris, 1877, Firmin Didot.

Marius FONTANE. *Les Égyptes*. Paris, 1882, Lemerre.

JOANNE (Dr ISAMBERT). *Guide en Orient*, 2e volume. Paris, 1881, Hachette.

MURRAY. *Guide des voyageurs en Égypte*. Londres, 1881 (en anglais).

BAEDEKER. *Égypte et presqu'île du Sinaï*. Londres et Leipzig, 1878 (en anglais et en allemand).

Général MIRCHER. *Mission militaire en Égypte*, de 1864 à 1870.

Maréchal BERTHIER. *Rapport sur l'expédition d'Égypte*.

Commission d'Égypte. 1798 à 1801. — *Relation des expériences et observations faites par la Commission d'Égypte*.

NAPOLÉON Ier. *Commentaires*. Tomes II et III.

II

STATISTIQUE.

II

STATISTIQUE.

———

1. — DIVISION ADMINISTRATIVE DE L'ÉGYPTE.

(d'après la statistique du Ministère de l'intérieur égyptien).

Administrativement, l'Égypte se divise en basse Égypte qui comprend le *Delta*, et en haute Égypte, qui comprend les contrées désignées, au point de vue géographique, sous les noms de *moyenne* et de *haute Égypte*.

Elle se divise en gouvernorats (*mohafzas*) ou villes pourvues d'un gouverneur, et en provinces (*moudiriehs*).

Les provinces ou *moudiriehs* se subdivisent en districts (*markases ou kesms*), et ceux-ci en villages qui portent, suivant leur importance ou les contrées, les noms divers de *Nahieh, Kafr, Ezba, Nazleh* ou *Mit*.

Les gouvernorats sont régis par des gouverneurs (*mohafiz*) et les provinces par des préfets (*moudirs*).

Gouvernorats.

Les gouvernorats sont les suivants :

> Alexandrie ;
> Rosette ;
> Damiette ;
> Port-Saïd ;
> El Arich ;
> Ismaïlia ;
> Suez ;
> Kosséir.

La ville du Caire est partagée, au point de vue administratif, entre le ministère de l'intérieur, celui des travaux publics, et la préfecture du Caire. Elle n'a pas de gouverneur.

Provinces.

Les provinces sont les suivantes.

Basse Égypte.

Behereh..............	Chef-lieu	Damanhour.
Garbieh..............	—	Tantah.
Dakahlieh	—	Mansourah.
Charkieh.............	—	Zagazig.
Menoufieh	—	Chibin el Com.
Calioubieh...........	—	Benhâ.
Gizèh...............	—	Gizèh.

Moyenne Égypte.

Fayoum..............	Chef-lieu	Medinet el Fayoum.
Beni Souef	—	Beni Souef.
Minieh..............	—	Minieh.

Haute Égypte.

Assyout..............	Chef-lieu	Assyout.
Girgeh..............	—	Souhâg.
Kénèh..............	—	Kénèh.
Esneh..............	—	Esneh.

2. POPULATION DE L'ÉGYPTE (AU 31 DÉCEMBRE 1877)

(d'après la statistique du Ministère de l'intérieur égyptien).

NOMS DES VILLES OU DES PROVINCES.	ÉGYPTIENS.	ÉTRANGERS.	TOTAL.	OBSERVATIONS.
VILLES OU GOUVERNORATS (A)				Récapitulation par nationalité des étrangers qui habitaient en Égypte avant les derniers événements :
Le Caire	327,462	15,758	343,220	
Alexandrie.	165,752	42,884	208,636	
Rosette	16,243	»	16,243	
Damiette.	32,730	288	33,018	Grecs. 29,963
Port-Saïd.	3.854	4,095	7,949	Italiens. 14,524
El Arich	2,506	»	2,506	Français. 14,310
Ismaïlia	1,897	906	2,803	Anglais 3,795
Suez	11,327	1,508	12,835	Austro-Hongrois. 2,480
BASSE ÉGYPTE.				Espagnols 1,003
				Allemands 879
Behereh, chef-lieu Damanhour.	238,590	2	238,592	Persans 752
Gizèh, chef-lieu Gizèh	270,072	»	270,072	Russes 358
Calioubieh, chef-lieu Benhâ.	205,380	15	205,395	Américains. 139
Charkieh, chef-lieu Zagazig.	414,470	936	415,406	Belges 127
Menoufieh, chef-lieu Chibin el Kom.	484,550	378	484,928	Néerlandais. 119
				Danois 74
Garbieh, chef-lieu Tantah.	678,979	1,068	680,047	Brésiliens 50
Dakahlieh, chef-lieu Mansourah	531,951	733	532,687	Suédois 44
				Portugais 36
MOYENNE ÉGYPTE.				
				TOTAL. 68,653
Beni Souef, chef-lieu Beni Souef	140,848	8	140,856	
Fayoum, chef-lieu el Fayoum.	173,655	»	173,655	
Minieh, chef-lieu Minieh.	338,616	13	338,629	
HAUTE ÉGYPTE.				(A) La population du gouvernorat de Koséir est comprise dans celle de la province de Kénèh, dont il relève.
Assyout, chef-lieu Assyout.	461,679	50	461,729	
Girgeh, chef-lieu Sohâg	417,869	9	417,878	
Kénèh, chef-lieu Kénèh (A).	310,257	»	310,257	
Esneh, chef-lieu Esneh	281,593	2	281,595	(B) Villes situées en dehors de l'Égypte. — Pour mémoire.
RÉCAPITULATION,				
Gouvernorats	561,771	65,439	634,554	
Basse Égypte.	2,823,995	3,132	2,827,127	
Moyenne Égypte	653,119	21	653,140	
Haute Égypte	1,471,398	61	1,471,459	
Souakin (B)	4,600	»	4,600	
Massaouah (B)	2,744	»	2,744	
TOTAL GÉNÉRAL	5,571,627	68,653	5,586,280	

3. — RÉPARTITION DE LA POPULATION ÉGYPTIENNE PAR DISTRICT ET PAR NATURE DE PROFESSION.

(Extrait de la statistique du Ministère de l'intérieur égyptien.)

DISTRICTS.	CLASSES religieuses.	PROFESSIONS diverses.	CULTIVATEURS.	TOTAL. Sexe masculin.	TOTAL. Sexe féminin.	TOTAL. général.
Province de Behereh (Damanhour).						
El Delengât................	1,489	1,622	9,029	12,140	13,122	25,262
Choubrah-Khit	3,814	3,810	14,969	22,593	21,180	43,773
El Neguela	4,736	4,361	28,800	37,897	43,307	81,204
Al Afteh.................	4,736	6,850	10,889	22,475	26,274	48,749
Abou Hommos (Damanhour)..	1,950	5,246	11,972	19,168	19,903	39,071
Com el Akhdar.	9	31	182	222	309	531
	16,734	21,920	75,841	114,495	124,095	238,590
Province de Gizèh (Gizèh).						
El Gisèh..................	1,135	6,050	115	7,300	7,832	15,132
Awal.....................	4,467	7,151	44,717	56,335	58,269	114,604
Tani.....................	1,725	5,543	39,359	37,627	39,996	77,623
Atfihh	1,523	6,950	22,391	30,864	31,849	62,713
	8,850	25,694	97,582	132,126	137,946	270,072
Province de Calioubieh (Benhâ).						
Benhâ....................	117	1,314	392	1,823	2,683	4,506
Toukh....................	5,795	5,144	18,576	29,515	31,814	61,329
Bandar-Calioub...........	297	829	2,024	3,150	3,112	6,262
Abou el Guet	754	234	1,142	2,080	1,504	3,584
Markaze-Calioub	2,428	4,683	19,705	26,816	28,490	55,306
Markaze-Choubrah.........	3,324	5,467	28,546	37,337	35,707	73,044
Caha.....	134	121	469	724	625	1,349
	12,799	17,792	70,854	101,145	103,935	205,380
Province de Charkieh (Zagazig).						
Zagazig..................	2,627	5,582	2,189	10,398	12,314	26,712
Minièh el Camhe	6,729	4,800	33,196	44,725	47,807	92,532
Belbeïs	6,637	6,708	34,133	47,478	52,979	100,457
Al Arin	2,804	3,410	18,102	24,316	22,379	46,695
El Kanaïat...............	8,058	6,514	33,384	47,956	49,794	97,750
El Sawaleh	5,168	3,884	18,879	27,931	26,393	54,324
	32,023	30,898	139,883	202,804	211,666	414,479
Province de Menoufieh (Chibin el Com).						
Chibin el Com	2,742	3,796	435	6,973	6,903	13,876
Tala.....................	2,295	4,315	32,347	38,957	41,947	80,904
Souhk...................	3,091	4,523	40,316	47,930	51,153	99,113
Bandar-Menouf.............	2,719	3,245	1,087	7,051	6,419	13,470
Menouf...................	5,607	5,526	37,223	48,356	50,471	98,827
Melig	3,313	3,165	47,020	53,498	54,919	108,417
Achmoun..................	2,874	2,846	29,167	34,887	35,056	69,943
	22,641	27,416	187,595	237,652	246,898	484,550

DISTRICTS.	CLASSES religieuses.	PROFESSIONS diverses.	CULTIVATEURS.	TOTAL. Sexe masculin.	TOTAL. Sexe féminin.	TOTAL général.
Province de Garbieh (Tantah).						
Tantah	4,599	3,847	3,489	11,935	2,831	14,766
Bandar Samanhoud	1,021	4,258	1,020	6,299	6,564	12,863
Bandar el Borollos	433	1,050	6,570	8,053	7,462	15,515
Samanhoud	7,026	9,160	36,766	52,952	60,051	113,003
Bandar Kafr el Zaïat	61	948	165	1,174	1,635	2,809
Kafr el Zaïat	1,974	2,624	14,750	19,348	19,861	39,209
Bandar Ziftèh	631	1,872	1,075	3,578	4,059	7,637
Ziftèh	4,443	3,607	34,558	42,608	44,168	85,776
El Gaafaria	3,745	3,833	36,085	43,213	45,312	88,525
Bandar Dessouk	1,566	1,275	510	3,351	5,972	9,323
Bandar Fouah	1,332	3,188	382	4,902	5,506	10,408
Dessouk	4,659	9,550	15,046	29,255	28,108	57,363
Mahallet Menouf	2,438	5,357	25,257	33,052	34,584	67,636
Chirbin	4,014	7,000	19,428	30,442	31,952	62,394
El Mahalla	2,167	10,899	1,214	14,280	14,130	28,410
Kafr el Cheik	2,969	2,212	26,175	31,355	31,987	63,342
	43,077	70,230	222,490	335,797	343,182	678,979
Province de Dakahlieh (Mansourah).						
Mansourah	7,570	8,411	841	16,822	17,622	34,444
Soumbellaouin	2,220	2,163	17,188	21,571	23,220	44,791
Bandar Fareskor	185	1,480	420	2,085	2,499	4,584
Fareskor	3,978	6,833	19,876	30,687	31,033	61,720
Miniet-Samanhoud	2,888	4,340	47,011	54,239	56,214	110,453
Bandar Dakarnes	126	316	2,671	3,113	3,074	6,187
Dakarnes	6,167	8,644	48,188	62,999	64,842	127,841
Bandar Mit Ghamr	1,154	2,447	975	4,576	5,011	9,587
Mit Ghamr	7,173	7,765	49,909	64,847	67,500	132,347
	31,461	42,399	187,079	260,930	271,015	531,954
Province de Beni Souef (Beni Souef).						
Bandar Beni Souef	567	2,045	227	2,839	5,317	8,156
Beni Souef	1,793	4,896	17,147	23,836	24,317	48,153
Beba	994	1,144	16,665	18,803	21,062	39,865
El Zawia	1,205	2,243	19,294	22,742	21,932	44,674
	4,559	10,328	53,333	68,220	72,628	140,848
Province du Fayoum.						
Bandar el Fayoum	841	8,836	999	10,676	11,600	22,276
Tafhar	2,397	5,215	27,077	34,689	36,098	70,787
Samnouris	2,535	7,518	27,519	37,572	39,498	77,070
El Wahat el Bahrieh	55	57	1,691	1,803	1,719	3,522
	5,828	21,626	57,286	84,740	88,915	173,655
Province de Minieh.						
Bandar el Minieh	1,287	10,803	32	12,122	11,619	23,741
Nawahi el Bandar	982	1,397	28,792	31,171	29,797	60,968
Bandar el Fachne	347	2,739	107	3,193	4,147	7,340
El Fachne	1,248	781	13,568	15,597	18,127	33,724
Mancatin	429	1,798	16,278	18,505	18,754	37,259
Beni Ibed	937	1,919	25,507	28,363	28,649	57,012
El Minièh	1,208	1,431	12,569	15,208	16,369	31,577

DISTRICTS.	CLASSES religieuses.	PROFES- SIONS diverses.	CULTIVA- TEURS.	TOTAL, Sexe masculin.	TOTAL. Sexe féminin.	TOTAL GÉNÉRAL.
El Fant	193	238	3,444	3,875	2,315	6,190
Kolosana	296	1,105	18,768	20,169	18,998	39,167
Beni Mazar	663	607	20,239	21,509	20,129	41,638
	7,590	22,818	139,304	169,712	168,904	338,616

Province d'Assyout.

DISTRICTS.	CLASSES religieuses.	PROFES- SIONS diverses.	CULTIVA- TEURS.	TOTAL, Sexe masculin.	TOTAL. Sexe féminin.	TOTAL GÉNÉRAL.
Bandar Assyout	519	14,147	87	14,753	15,059	29,812
Assyout	6,478	9,737	19,770	35,985	36,989	72,974
Beni Rafi	1,604	4,419	7,305	13,328	13,508	26,836
Bandar Manfalout	1,570	3,778	606	5,954	6,034	11,988
Manfalout	2,011	3,958	7,128	13,097	13,898	26,995
El Wahát	130	835	8,097	9,062	8,167	17,229
Bandar el Rôda	177	149	749	1,075	1,003	2,078
El Rôda	1,964	3,616	19,105	24,685	25,523	50,208
Bandar Mallaweh	263	3,796	553	4,612	4,827	9,439
Mallaweh	4,351	3,788	14,488	22,627	22,612	45,239
Adou-Tig	6,156	9,299	12,857	28,312	28,155	56,467
Abnoub	1,906	4,232	24,049	30,187	30,054	60,241
El Douer	5,185	5,529	15,349	26,063	26,110	52,173
	32,314	67,283	130,143	229,740	231,939	461,679

Province de Girgeh (Souhâg).

DISTRICTS.	CLASSES religieuses.	PROFES- SIONS diverses.	CULTIVA- TEURS.	TOTAL, Sexe masculin.	TOTAL. Sexe féminin.	TOTAL GÉNÉRAL.
Bandar Girgeh	1,038	4,532	372	5,942	6,184	12,126
Girgeh	11,927	2,819	35,492	50,238	42,917	93,155
Bandar Tahtah	473	3,035	1,169	4,677	5,545	10,222
Tahtah	1,557	3,647	32,337	37,541	39,266	76,807
Bandar Souhâg	2,415	1,317	1,432	5,164	3,292	8,456
Bandar Akhmin	1,224	5,310	1,986	8,520	9,319	17,839
Souhâg	1,927	4,062	26,056	32,045	30,075	62,120
Tama	4,914	3,529	29,160	37,603	38,659	76,262
Bardis	1,222	3,362	25,024	29,638	31,244	60,882
	26,727	31,613	153,028	211,368	206,501	417,869

Province de Kénèh.

DISTRICTS.	CLASSES religieuses.	PROFES- SIONS diverses.	CULTIVA- TEURS.	TOTAL, Sexe masculin.	TOTAL. Sexe féminin.	TOTAL GÉNÉRAL.
Bandar Kénèh	1,561	71,849	4,245	7,655	7,781	15,436
Kénèh	919	4,406	26,917	32,242	32,058	64,300
Bandar Farchout	195	878	3,420	4,493	4,420	8,913
Farchout	1,163	4,445	28,667	34,275	33,817	68,092
Dachteh	1,822	4,950	30,368	37,140	35,179	72,319
Koss	859	5,467	34,308	40,634	37,777	78,411
Kosséir	16	885	555	1,456	1,330	2,786
	6,535	22,880	128,480	157,895	152,362	310,257

Province d'Esneh.

DISTRICTS.	CLASSES religieuses.	PROFES- SIONS diverses.	CULTIVA- TEURS.	TOTAL, Sexe masculin.	TOTAL. Sexe féminin.	TOTAL GÉNÉRAL.
Bandar Esneh	747	4,984	299	6,030	6,746	12,776
Esneh	3,247	2,490	20,363	26,100	23,928	50,028
Halfa	165	1,070	37,169	38,410	43,533	81,943
Edfou	1,725	3,588	27,246	32,559	31,617	64,176
Armante	628	1,405	11,713	13,746	13,305	27,051
El Metaana	489	1,061	13,029	14,579	13,632	28,211
Nawahi-Maawenet-Assouan	1,165	4,614	2,392	8,171	9,237	17,408
	8,166	19,218	112,211	139,595	141,998	281,593

4. — PRODUCTIONS DE L'ÉGYPTE.

(d'après la statistique du Ministère de l'intérieur égyptien.)

La régularité des crues du Nil et la fixité du climat permettent en Égypte trois sortes de cultures, qui prennent le nom de la saison dans laquelle elles s'accomplissent :

1° Cultures d'été ;

2° Cultures d'automne ou de la crue du Nil ;

3° Cultures d'hiver.

Ces trois cultures présentent des variétés de produits qui diffèrent encore plus, selon qu'ils proviennent de la haute ou de la basse Égypte (1).

---

(1) La statistique du ministère de l'intérieur égyptien, quoique très complète, exprime les produits en piastres égyptiennes. Cette évaluation ne semble pas d'une grande exactitude ; les résultats en sont d'ailleurs variables chaque année. Il a donc paru plus utile d'indiquer seulement, pour chaque province, le nombre de feddans (*un feddan* $= 4,200$ *mètres carrés*, c'est-à-dire un peu moins d'un *demi-hectare*) occupés par les diverses cultures. Cette indication permettra de voir, d'un seul coup-d'œil, le genre et l'importance approximative des produits de chaque province.

Les provinces, pour plus de clarté, sont représentées dans les tableaux suivants, par le nom de leur chef-lieu.

PROVINCES.	CULTURE D'ÉTÉ.											CULTURE D'AUTOMNE.				
	SURFACE totale cultivée.	NOMBRE DE FEDDANS CULTIVÉS EN										SURFACE totale cultivée.	NOMBRE DE FEDDANS CULTIVÉS EN			
		Maïs.	Riz.	Hari-cots.	Légu-mes.	Sésa-me.	Chan-vre.	Coton.	Canne à sucre	Fruits.	Ta-bac.		Maïs.	Riz.	Légu-mes.	Fruits
Damanhour.........	52,692	8,847	5,799	»	233	48	5	48,756	47	7	»	180,686	47,832	»	49	»
Gizèh.............	18,966	18,848	»	500	1,513	»	»	1,803	738	29	112	128,570	7,296	»	»	»
Benhâ............	33,549	526	40	»	1,255	242	1	16,751	405	961	»	123,571	32,610	400	57	1
Zagazig...........	105,549	14,904	2,033	»	74	256	41	106,597	73	117	27	235,618	73,773	391	5	1
Chibin el Com......	111,734	890	»	42	1,713	30	16	54,669	304	149	22	257,380	81,683	»	1,570	51
Tantah............	126,576	7,159	16,108	»	631	835	25	154,199	185	175	»	420,724	93,163	1,768	147	159
Mansourah	103,938	4,856	10,514	»	7	61	15	106,406	109	43	»	239,139	59,679	1,984	3	»
Beni Souef.........	10,070	1,260	»	»	125	»	1	129	3,100	128	62	198,828	3,113	»	»	4
Fayoum...........	68,945	30	325	»	207	»	»	2,594	3,661	132	»	122,375	32,535	78	93	»
Minieh............	31,514	3,688	»	»	27	553	»	2,525	22,573	28	113	276,450	3,581	»	10	1
Assyout...........	22,979	4,555	450	»	101	»	»	1,230	6,376	111	180	339,802	6,590	35	75	2
Souhâg	21,045	6,412	»	»	88	»	»	»	339	7	395	306,980	18,091	»	770	34
Kénèh............	14,906	3,953	»	»	13	10	»	5	3,357	3	»	263,464	32,445	»	223	»
Esneh............	86,514	5,468	»	493	119	»	»	43	4,680	1,251	12	44,556	27,340	»	1,002	»
Les Gouvernorats...	961	100	270	4	648	»	»	»	52	88	»	1,085	»	»	568	86

CULTURE D'HIVER.

PROVINCES.	Surface totale cultivée	Blé.	Orge.	Fèves.	Légumes.	Lentilles.	Lupins.	Oignons.	Pois.	Pois chiches.	Bersim (Luzerne).	Helbé (Fessu-grec).	Guilban.	Lin.	Fruits	Tabac.
Damanhour.........	60,866	49,425	64,11	38,193	187	2,095	1,621	423	»	1,932	64,232	2,714	»	121	51	10
Gizèh.............	27,731	45,700	12,112	12,249	738	1,240	3,671	396	1,551	961	35,344	10,339	»	336	90	249
Benhâ.............	34,217	42,028	11,461	27,028	1,111	855	555	811	»	501	34,373	3.270	»	808	598	87
Zagazig...........	121,727	75,679	42,977	48,620	50	2,876	1,414	1,541	20	»	39,300	15,132	90	1148	1890	15
Chibin el Com......	73,568	85,656	33,540	45,802	186	2,186	2,362	1,283	»	508	67,339	4,002	»	556	222	50
Tantah............	189,693	100,955	80,279	52,619	176	921	37	758	»	686	152,696	2,223	»	440	164	»
Mansourah	151,378	65,241	58,874	18,006	282	795	»	441	»	»	103,034	3,475	»	40	163	»
Beni Souef.........	4,773	46,986	23,507	41,743	401	2,484	1,050	129	1,014	406	14,953	20,849	3,036	48	68	»
Fayoum...........	13,393	32,438	21,618	38,824	253	150	256	149	»	»	12,229	18,261	»	547	1350	»
Minich............	84,827	64,316	22,015	60,848	78	9,490	3,160	338	982	230	19,516	35,670	»	»	96	187
Assyout...........	19,244	111,531	21,741	108518	376	18,163	7,338	841	480	604	70,414	28,419	160	84	227	1053
Souhâg	4,805	94,454	38,779	58,948	934	18,276	7,161	543	1,290	650	78,856	3,663	2,483	»	469	189
Kénèh.............	9,646	54,724	41,700	56,125	68	39,548	3,097	128	»	8,496	11,194	1,379	28,160	»	56	281
Esneh.............	11,019	21,566	17,691	8,804	274	22,399	2,986	475	1,786	4,394	272	273	9,087	»	157	199
Les Gouvernorats ...	6,125	890,699	150	50	617	»	»	5	»	»	60	»	»	»	35	»

5. — ANIMAUX DOMESTIQUES.

D'après la statistique du Ministère de l'intérieur égyptien.

PROVINCES.	Bœufs ou Buffles.	Chevaux.	Chameaux.	Anes et Mulets.	Moutons et Chèvres.	Populat. égyptienne.
Behereh (Damanhour)...	15,581	319	1,099	4,377	7,217	238,590
Gizèh (Gizèh)..........	6,057	174	1,069	3,078	12,454	270,072
Calioubieh (Benhâ)......	13,618	123	820	3,402	22,083	205,380
Charkieh (Zagazig)......	21,766	225	1,135	5,422	23,520	414,470
Menoufieh (Chibin el Com)	44,213	118	4,604	15,214	36,334	484,550
Garbieh (Tantah).......	45,719	832	3,493	15,651	61,671	678,979
Dakalieh (Mansourah)...	34,954	460	1,801	7,546	27,418	531,954
Beni Souef (Beni Souef).	6,411	310	834	1,960	14,805	140,848
Fayoum (Fayoum)......	2,633	115	167	1,738	12,070	173,655
Minieh (Minieh)........	7,154	449	685	3,045	12,951	338,616
Assyout (Assyout)......	7,857	546	3,088	5,126	30,039	461,679
Girgeh (Souhâg)........	10,391	458	2,560	5,730	24,914	417,869
Kénèh (Kénèh).........	6,609	132	1,948	5,204	11,279	310,257
Esneh (Esneh).........	4,225	116	1,063	3,052	13,634	281,593
Gouvernorats..........	1,138	4,344	2,505	7,337	7,741	569,115
Total général....	128,326	8,741	26,871	87,882	320,047	5,517,627

PROPORTION PAR MILLE HABITANTS.

Behereh...............	65	1,3	4,6	18,3	30
Gizèh	22	0,7	3,9	11,4	46
Calioubieh	66	4,3	4,0	16,5	107
Charkieh..............	52	0,5	2,7	13,1	57
Menoufieh.............	91	0,2	9,5	31,4	75
Garbieh...............	67	1,2	5,1	23,0	92
Dakahlieh.............	68	0,8	3,4	14,2	51
Beni Souef............	45	2,2	5,9	13,9	105
Fayoum	15	0,7	0,9	10,0	75
Minieh................	21	1,3	2,0	9,0	382
Assyout...............	17	1,2	6,7	11,1	65
Girgeh	25	1,1	6,1	13,9	59
Kénèh	21	0,4	6,3	16,8	36
Esneh	15	0,4	3,8	10,8	41
Égypte...............	41	1,6	4,8	15,9	58

— 23 —

6. — CRUES DU NIL.

Maxima et minima de 1848 à 1878.

(d'après la statistique du Ministère de l'intérieur égyptien).

Maximum (de 5ᵐ,18 à 8ᵐ,20).

31 août............ 1877.
5 septembre...... 1858.
10 — ...... 1855.
15 — ...... 1857.
20 — ...... 1850, 1864, 1875.
25 — ...... 1863, 1865, 1867, 1872, 1876.
30 — ...... 1853, 1861, 1866 1874.
1ᵉʳ octobre...... 1851.
5 — ...... 1852, 1856.
10 — ...... 1849, 1854, 1878.
15 — ...... 1869, 1870.
20 — ...... 1860, 1871, 1873.
25 — ...... 1862, 1868.
31 — ...... 1859.

Minima (de 0ᵐ,14 à 1ᵐ,40).

20 mai......... 1862.
25 — ...... 1866.
31 — ...... 1850, 1852, 1864, 1865.
1ᵉʳ juin......... 1858.
5 — ...... 1851, 1853, 1857, 1874.
10 — ...... 1856, 1861, 1871.
15 — ...... 1849, 1854, 1867, 1868, 1869, 1872, 1877.
20 — ...... 1859, 1860, 1863, 1873, 1875, 1878.
25 — ...... 1855, 1870, 1876.

NOTA. — Les hauteurs précédentes ont été relevées au nilomètre des barrages.

Le o des barrages est à 10ᵐ,02 au-dessus du niveau de la mer.

7. — MONNAIES, POIDS ET MESURES.

Monnaies.

L'unité monétaire égyptienne est la piastre, qui vaut 0 fr. 259 ; elle se subdivise en 40 paras.

Monnaies de cuivre.

		fr.	c.
5 paras	....	0	32
10 —	....	0	65
20 —	....	0	13

Monnaies d'argent.

1/4 de piastre	....	0	65
1/2 piastre	....	0	13
1 —	....	0	26
1/4 talari (5 piastres)	....	1	30
1/2 — (10 piastres)	....	2	59
1 — ancien (20 piastres)	....	5	18
1 — nouveau (18 piastres)	....	5	00

Monnaies d'or.

5 piastres	....	1	30
10 —	....	2	68
1/4 guinée ou 25 piastres	....	6	48
1/2 — ou 50 piastres	....	12	96
1 — ou 100 piastres	....	25	92

La bourse de 500 piastres vaut 130 francs.

Monnaies françaises.

1 franc vaut	....	3 piastres	34 paras.		
2 — valent	....	7 —	28 —		
5 — —	....	18 —	30 —		
10 — —	....	38 —	23 —		
20 — —	....	77 —	6 —		

En dehors du taux légal, il y a un cours de convention variable.
La piastre *courante* a pour valeur la moitié de la piastre dite *au tarif*.

Ainsi :

La livre égyptienne (100 piastres) passe pour 200 piastres courantes
— sterling .... 195 —
La pièce de 20 francs .... 154 —
— de 5 francs .... 37 —

Mesures de longueur.

Dira Beledi, coudée égyptienne...................... $0^m,582$
  — Nili, pic ou coudée du Nil...................... $0^m,524$
  — Stambouli, pic de Constantinople .... $0^m,68$
  — Hendazi, pour les étoffes...................... $0^m,65$
Pic de construction............................... $0^m,75$
Bâh (3 coudées)................................... $1^m,74$
Kassabâh.. $3^m,55$
Chibr (1/3 de coudée) .... $0^m,19$
Fitr (1/4 de coudée) .... $0^m,16$

Mesures de superficie.

Pic carré (de construction)....................... $0^{mq},5625$
Kassabâh.. $12^{mq},60$
Feddan (mesure agraire)........................... $4200^{mq},83$

Mesures de capacité.

Koddah .... $2^l,06$
Meloueh (2 koddahs)............................... $4^l,12$
Roubeh (2 melouehs)............................... $8^l,24$
Kélé (2 roubehs).................................. $16^l,48$
Ouebeh (2 kélés) .... $32^l,96$
Ardeb (6 ouebeh).................................. $197^l,74$

Mesures de poids.

Dirham.. $3^{gr},09$
Rotoli (144 dirhams).............................. $444^{gr},00$
Oke (400 dirhams)................................. $1^{kil},23$
Kantar (100 rotolis ou 36 okes)................... $44^{kil},49$

Ardeb de blé .... $133^{kil},63$
  — de lentilles .... $151^{kil},00$
  — de riz....................................... $185^{kil},00$
Balle de coton (en général) .... $282^{kil},00$

8. — MATÉRIEL ROULANT DES CHEMINS DE FER ÉGYPTIENS.

Machines à voyageurs	65
— à marchandises	172
Tenders	237

Service des trains de voyageurs.

Voitures khédiviales	12
— de 1re classe	77
— de 2e classe	56
— de 3e classe	157
— mixtes	8
Wagons poste	19
— écuries	12
Trucs à équipages	12
Fourgons à frein	41

Service des marchandises.

Fourgons à frein	69
Wagons fermés	1,447
— plats et tombereaux	3,097
— citernes	60

Il existe un atelier de réparation au Caire (gare de Gabarri) et un atelier de construction et de réparation à Boulak-Dakrour.

III

ITINÉRAIRES.

CHEMINS DE FER.

III

ITINÉRAIRES.

Les itinéraires principaux ont été décrits dans l'ordre suivant :
1° Chemins de fer ;
2° Routes et chemins ;
3° Voies navigables.

Mais certaines localités étant reliées entre elles par deux ou trois voies de communication différentes, il y aura lieu, suivant le cas, de se reporter aux itinéraires correspondants.

Les itinéraires en chemins de fer de 1 à 8 inclus représentent les principales lignes d'invasion ; de 9 à 14, les lignes de communication entre les précédentes. Les itinéraires suivants sont ceux de la moyenne et de la haute Égypte.

Les itinéraires (routes) sont numérotés de 1 à 7 et les itinéraires (voies navigables) de 1 à 11.

| DISTANCES | | STATIONS |
entre chaque point.	TOTALES.	ET POINTS REMARQUABLES.
kilom.	kilom.	

BASSE

---

1. — D'ALEXANDRIE AU CAIRE PAR

(A deux voies jus

204 kilomètres par

»	»	**Alexandrie**......................
		La Maison Carrée................... **Sidi Gaber.**
28	28	**Kafr-Douar**......................
18	46	**Abou Hommos**....................
16	62	**Damanhour**...................... (Embranchement.)

RENSEIGNEMENTS.

ÉGYPTE.

LA RIVE GAUCHE DU NIL DE ROSETTE.

qu'à Tell el Barout).

courus en 9 heures.

L'embarcadère du chemin de fer est situé au sud de la ville, près de la porte de Moharem-Bey.

La voie, au sortir d'Alexandrie, passe près de la promenade du canal, du palais de Ramleh et du lac de Khadra.

Au delà de la Maison Carrée, elle franchit le canal. — Près de la même maison se détache la ligne de Rosette.

Au bout de 15 minutes, la chaussée est isolée au milieu du lac Maréotis. Bientôt après, elle sort du lac et traverse des champs cultivés le long du canal.

Station. — L'aspect du pays est très monotone. Marais et champs de coton.

Station. — Le canal Mahmoudieh tourne à l'est pour rejoindre à Aftèh la branche de Rosette.

Station. — Chef-lieu de la province de Behereh. — Ville assez importante par le commerce dont elle est le centre. — Très riche en produits agricoles. Manufactures de coton. — Embranchement sur Dessouk.

Au delà de Damanhour, commence la nature du Delta. A une plaine immense, où l'horizon n'est fermé par aucune élévation de terrain, succèdent des champs admirablement cultivés et entre-coupés de mille canaux qui se croisent en tous sens. Population laborieuse et active.

| DISTANCES | | STATIONS |
entre chaque point.	TOTALES.	ET POINTS REMARQUABLES.
kilom.	kilom.	
26	88	**Tell el Barout**......................
		Ramsis ....
14,5	102,5	**Kom Hamada**...................,...
15,5	119,0	**Teirièh**............. ....
19	138	**Kafr-Daoud**......................
		Kom Abou Billou.................
		Klémas.........................
		Abou Néchabé...................

RENSEIGNEMENTS.

Station. — Tête de ligne du chemin de fer de la haute Égypte.

A peu de distance du village, le chemin de fer se détache de la ligne d'Alexandrie au Caire par Tantah. Il court presque constamment dans un défilé étroit, entre la chaîne libyque et le Nil, et traverse un pays généralement aride.

Il côtoie le Nil et suit le chemin que l'armée française parcourut en 1798 pour se rendre aux Pyramides.

A partir de Tell el Barout, il se dirige vers le sud et laisse à l'ouest Ramsis, intéressant au point de vue archéologique.

Il passe le canal Abou Dibah et longe un des canaux dérivés du canal du Caire à Alexandrie.

Station. — Sans importance.

La voie se dirige au sud-est, parallèlement à la chaîne libyque dont elle n'est éloignée que de quelques kilomètres, et se rapproche du nouveau canal du Caire à Alexandrie.

Elle laisse à l'ouest Tell el Odameh, le tertre des os.

Station sur la rive gauche du Nil.

Le chemin de fer est resserré de plus en plus entre les rochers arides ou les plateaux sablonneux de la chaîne libyque, et les rives du fleuve.

Station insignifiante, tout près du canal d'Alexandrie.

A une courte distance au sud-est se trouve Téranèh, d'où part la route qui conduit aux lacs Natroum (V. *Routes*, p. 93).

A 3 kilomètres au sud de Téranèh, Kom Abou Billou, monticule de décombres, ruine de Terénuthis.

Plus loin, la ligne rencontre les ruines de Klémas.

Elle passe au village d'Abou Néchabé, et fait un coude très prononcé pour contourner la boucle du Nil située entre Abou Néchabé et Beni Salameh.

2.

DISTANCES		STATIONS
entre chaque point.	TOTALES.	ET POINTS REMARQUABLES.
kilom.	kilom.	
23	161	Ouardane.......................
		Abou Ghaleb...................
		Om Dinar.....................
		Le Barrage....................
18	179	El Ménaché....................
		Embabeh......................

RENSEIGNEMENTS.

Station. — Au delà d'Ouardane, la chaîne libyque s'avance jusque sur les bords du fleuve. La ligne suit le plateau rocheux, plus ou moins recouvert par les sables, qui, en certains endroits, envahissent le lit du Nil.

A partir d'Abou Ghaleb, la vallée s'élargit; le Nil s'éloigne du plateau, et le chemin de fer, qui se dirige vers l'est, entre dans une plaine cultivée de 6 à 8 kilomètres de largeur.

Village, pas de station.

La voie se rapproche du Nil pour se diriger ensuite vers le sud-est.

Le barrage du Nil, dont Méhémet-Ali posa la première pierre en 1847, a été construit pour les eaux du fleuve, pendant les moyennes et les basses eaux, au niveau même du sol, de manière à pouvoir arroser en tout temps la basse Égypte, comme pendant la saison des inondations. Ce travail gigantesque est resté incomplet, et le système de canalisation du Delta est encore à remanier.

Ce barrage se compose d'un immense double pont, dont les arches larges et élevées sont jetées sur les deux branches de Damiette et de Rosette et s'appuient au milieu sur l'île de Chalagan. Ses extrémités sont flanquées de tours carrées en briques, qui lui donnent un certain caractère monumental.

Chacune des deux parties du barrage possède une écluse, qui laisse un étroit passage aux bateaux égyptiens.

A la naissance actuelle du Delta, se trouve un véritable banc de roches qui s'oppose au cours direct du fleuve et le force à se diviser en deux branches, dont l'une court vers Rosette, et l'autre vers Damiette.

Station, tout près du Nil. — La ligne traverse une riche plaine parsemée de villages.

En face de Boulak, théâtre de la bataille des Pyramides.

| DISTANCES | | STATIONS |
entre chaque point.	TOTALES.	ET POINTS REMARQUABLES.
kilom.	kilom.	
26	205	**Boulak-Dakrour** ....

2. — D'ALEXANDRIE AU

210 kilomètres parcourus en 4 heures et demie par les

Ligne à deux voies

		Alexandrie· ....
		Sidi Gaber.........................
28	28	**Kafr-Douar**........................
18	46	**Abou Hommos**......................
16	62	**Damanhour**........................
		(Embranchement.)

RENSEIGNEMENTS.

Près de Gizèh, en face l'extrémité sud de l'île de Gézirèh. Boulak peut être considéré comme le port du Caire. On se rend en voiture au Caire par le pont de Kasr el Nil, situé vis-à-vis des casernes et du palais du même nom, et la route des Pyramides.

CAIRE PAR TANTAH.

trains express, en 6 heures par les trains ordinaires.

sur tout le parcours.

L'embarcadère des voyageurs est situé au sud de la ville, près de la porte de Moharem-Bey.

Le chemin de fer se dirige d'abord vers le nord-est et passe à quelque distance de la promenade du Canal, du palais de Ramleh, du lac de Khadra.

Au delà de la Maison Carrée, il franchit le canal et se dirige vers l'est.

C'est près de la Maison Carrée que s'embranche la nouvelle ligne d'Alexandrie à Rosette.

A 15 minutes environ de la Maison Carrée, la chaussée du chemin de fer traverse le lac Maréotis (Mariout). Bientôt elle sort du lac et s'infléchit vers le sud-est.

Elle traverse des champs cultivés entre le lac Maréotis et le canal Mahmoudieh.

Station. — L'aspect du pays est monotone. Marais et champs de coton.

Station. — Le canal Mahmoudieh tourne à l'est, à quelque distance d'Abou Hommos, pour rejoindre à Afteh la branche de Rosette.

Station. — Un embranchement se dirige vers Dessouk (20 kil.), le long du canal Damanhour.

| DISTANCES | | STATIONS |
entre chaque point.	TOTALES.	ET POINTS REMARQUABLES.
kilom.	kilom.	
26	88	**Tell el Barout**.................... (Embranchements.)
17	105	**Kafr el Zaïat**....................
18	123	**Tantah**....................

RENSEIGNEMENTS.

Damanhour, chef-lieu de la province de Behereh, a une certaine importance commerciale. Elle est très riche en produits agricoles et renferme quelques manufactures de coton.

Au delà de Damanhour commence la nature du Delta proprement dit.

A une plaine immense, où l'horizon n'est fermé par aucune élévation de terrain, succèdent des champs admirablement cultivés, et entrecoupés de mille canaux qui se croisent dans tous les sens. La population est laborieuse et active.

Station, d'où se détache la ligne de la rive gauche du Nil qui conduit à Boulak et est prolongée par le chemin de fer du haut Nil jusqu'à Syout et Kénèh.

La ligne de Tantah continue dans la direction sud-est, jusqu'à ce qu'elle atteigne la branche de Rosette.

Elle traverse le fleuve en amont de Dahari, sur un beau *pont en fer, de douze arches, qui reposent sur des piles creuses en fonte.*

Ce pont a coûté environ 10 millions. Une portion tournante peut s'ouvrir pour donner passage aux plus gros bateaux.

Ce pont n'a qu'une *seule voie*.

Station ; buffet.

A partir du pont précédent, la ligne du chemin de fer traverse la partie du Delta comprise entre les deux branches de Rosette et de Damiette. C'est la partie la plus fertile, mais aussi la plus difficile à parcourir. C'est une plaine sans fin, coupée d'innombrables canaux, très bien cultivée et couverte de riches produits ; elle est parsemée de petits villages fellahs dominés par des touffes de palmiers.

60,000 habitants. — Capitale de la province de Garbieh. — Palais du vice-roi. — Hôpital. — Poste et télégraphe. — Agences consulaires de France, d'Angleterre et des États-Unis. — Trois foires par an, durant huit jours, amènent dans cette ville plus de 200,000 personnes, attirées par les ventes ou les achats de bestiaux venus de tous les points de l'Égypte.

| DISTANCES. | | STATIONS |
entre chaque point.	TOTALES.	ET POINTS REMARQUABLES.
kilom.	kilom.	
18	141	**Birket es Sab**.....................
24	165	**Benhâ'l Assal**..................... (la Ville du Miel.)
12	177	**Toukh**.....................
19	196	**Kalioub**.....................
14	210	**Le Caire**.....................

3. — DE ROSETTE

On communique entre Rosette et Dessouk par le Nil. (*Voies na-*

| » | » | **Rosette**..................... |

RENSEIGNEMENTS.

Embranchements vers Dessouk (75 kil.); Damiette (115 kil.); Zifteh (54 kil.) et Chibin el Com (30 kil.).

Au delà de Tantah, le chemin de fer se dirige au sud-sud-est à travers de riches cultures, toujours coupées de canaux innombrables.

Station peu importante.

Le chemin de fer franchit, en aval de Benhâ'l Assal, la branche de Damiette par un *pont semblable à celui de la branche de Rosette* (en fer, douze arches reposant sur des piles creuses en fonte). Embranchement de Mit Bereh (12 kil.).

Station importante, près des ruines d'Athribis. — Miel, oranges et mandarines estimées. — L'importance de cette ville diminue de jour en jour au profit de Zagazig.

Embranchement *à deux voies* vers Zagazig (37 kil.).

Le chemin de fer se dirige vers le sud.

Station. — On aperçoit pour la première fois les deux grandes pyramides de Gizèh.

Station insignifiante, d'où l'on aperçoit vers l'ouest les grandes tours en briques qui s'élèvent aux deux extrémités du barrage du Nil.

Embranchement vers Zagazig (68 kil.).

Embranchement projeté de Kalioub au barrage du Nil (10 kil.).

La ligne se rapproche du Nil et franchit le canal de Cherkaoui.

Débarcadère du Caire, au nord de la ville, au delà du grand canal.

AU CAIRE.

vigables, page 118), et par chemin de fer, à partir de Dessouk.

Rive gauche du Nil (branche de Rosette) 14,000 habitants.

DISTANCES		STATIONS
entre chaque point.	TOTALES.	ET POINTS REMARQUABLES.
kilom.	kilom.	
16	16	Bermibal..........................
6,5	22,5	Metoubis.........................
9	31,5	Chindioun........................
		Deïrout..........................
6,5	38	Afteh............................
6	44	Fouah............................ (Garance).
12	56	**Dessouk**.......................
		Necherté.........................
		Calline........................
		Chenné...........................
		Sourrate.........................
		Nabasse.......................
		Demchit..........................
59	115	**Mahallet Rokh**.................. (Intersection).

RENSEIGNEMENTS.

Rive droite.

Rive droite.

Rive droite.

Rive gauche.

Rive gauche, à l'embouchure du canal de Mahmoudieh.
Station importante de la route du Caire, avant la construction du chemin de fer. — Afteh n'est plus qu'un misérable village.

Rive droite. — Petite ville assez industrieuse, où la garance était autrefois cultivée en abondance.

Tête de ligne de l'embranchement de Dessouk à Tantah. La ligne se dirige d'abord vers l'est.
Embranchement sur Damanhour (29 kil.).

La ligne se dirige au sud-est vers Mahallet Rokh.

Il n'existe aucun renseignement précis sur ce point ni sur les suivants.

Id.

Id.

Station.

Id.

Village sans importance. — Embranchement sur Zifteh (38 kil.). — La ligne fait un angle droit et se dirige au sud-ouest vers Tantah.

DISTANCES		STATIONS
entre chaque point.	TOTALES.	ET POINTS REMARQUABLES.
kilom.	kilom.	
16	131	**Tantah**............................. (Intersection).
18	149	**Birket es Sabb**.....................
24	173	**Benhâ'l Assal** .... (la ville du miel.) Embranchements.
12	185	**Toukh**.............................
19	204	**Kalioub**...........................
14	218	**Le Caire**..........................

4. — DE DAMIETTE AU [...]

202 kilomètres parcour[...]

»	»	**Damiette**........................

RENSEIGNEMENTS.

Voir l'itinéraire précédent.

Embranchement *à deux voies* vers Alexandrie et Chibin el Com (30 kil.), une seule voie.

Au delà de Tantah, la ligne se dirige au sud-sud-est à travers de riches cultures, coupées d'un nombre énorme de canaux. Elles est *à deux voies* jusqu'au Caire.

Station peu importante. — Avant d'arriver à la station suivante, le chemin de fer franchit la branche de Damiette sur un pont en fer, de douze arches qui reposent sur des piles creuses en fonte. Une partie tournante peut s'ouvrir et donner passage aux bateaux.

Station importante sur la rive droite de la branche de Damiette que le chemin de fer vient de traverser.

Embranchements vers Suez (205 kil.) par Zagazig et Ismaïlia, vers Mansourah (113 kil.) par Zagazig, et à Mit Berèh (12 kil.).

On aperçoit pour la première fois les deux grandes pyramides de Gizèh.

Station insignifiante, d'où on aperçoit vers l'ouest les grandes tours de briques qui flanquent les deux extrémités du barrage du Nil.

La ligne franchit le canal de Cherkaoui.

Débarcadère du Caire, au nord de la ville, au delà du grand canal.

CAIRE PAR TANTAH.

en 8 heures 47 minutes.

29,000 habitants, sur la rive droite de la branche de Damiette, à 8 kilomètres de la mer. Elle s'étend en forme de croissant sur la langue de terre qui sépare le Nil du lac Menzaleh. — Maisons éle-

DISTANCES		STATIONS
entre chaque point.	TOTALES.	ET POINTS REMARQUABLES.
kilom.	kilom.	
26	• 26	**Kafr Terrach**........................
13	39	**Chirbin**........................
24	63	**Talkah**........................
19	82	**Samanhoud**........................
7	89	**Mahallet el Kébir**........................
10	99	**Mahallet Rokh**........................ (Embranchements.)
16	115	**Tantah**........................ (Intersection).

RENSEIGNEMENTS.

vées; grandes et belles mosquées; riches campagnes aux environs. Pêcheries; rizières; poteries estimées.

Le second port de l'Égypte.

Le chemin de fer se dirige d'abord à l'ouest vers El Batik, puis vers le sud-ouest en suivant la rive gauche de la branche de Damiette.

Station peu importante.

Station peu importante.

Petite localité située en face de Mansourah.

Mansourah, sur la rive droite du Nil. Il n'y a qu'un bac entre Mansourah et Talkah.

16,000 habitants, chef-lieu de la province de Dakahlieh. Manufactures de toiles, de crêpes, et d'étoffes de coton et de lin.

C'est sous les murs de cette ville que saint Louis fut fait prisonnier en 1250.

Ville de quelque importance, avec des bazars pareils à ceux des grandes villes d'Égypte et quelques mosquées. — Poteries estimées.

20,000 habitants.— Chef-lieu de district. — Agréablement située sur le bord d'un canal, au milieu d'une campagne verdoyante. — Bâtie en briques. — Manufactures de coton et fabriques de sel ammoniac.

Avant d'arriver à Mahallet Rokh, la ligne traverse le canal de Kasr Cheïk ou Bahr Sekra.

Village sans importance.

Embranchements sur Dessouk (59 kil.) et Zifteh (38 kil.).

La ligne traverse de riches campagnes et franchit plusieurs canaux d'irrigation.

60,000 habitants. — Voir la ligne précédente. — La ligne est à deux voies jusqu'au Caire.

DISTANCES		STATIONS
entre chaque point.	TOTALES.	ET POINTS REMARQUABLES.
kilom.	kilom.	
18	133	**Birket es Sab** . . . .
24	157	**Benhâ'l Assal** . . . .
12	169	**Toukh.** . . . .
19	188	**Kalioub.** . . . .
14	202	**Le Caire** . . . .

5. — DE DAMIETTE AU CAIRE

221 kilomètres parcourus

DISTANCES		STATIONS
entre chaque point.	TOTALES.	ET POINTS REMARQUABLES.
»	»	**Damiette** . . . .
26	26	**Kafr Terrach** . . . .
13	39	**Chirbin** . . . .
24	63	**Talkah** . . . .
2	65	**Mansourah** . . . .
21	86	**Soumbellaouin** . . . .
14	100	**Abou Cheqouq** . . . .

RENSEIGNEMENTS.

Voir la ligne précédente.

    id.   id.

    id.   id.

    id.   id.

    id.   id.

PAR MANSOURAH ET ZAGAZIG.

rus en 7 heures environ.

Voir l'itinéraire précédent.

Station peu importante.

Station peu importante.

Petite localité située en face de Mansourah.
Un bac transporte les voyageurs de la station de Talkah à celle de Mansourah.

Voir l'itinéraire précédent.
La ligne ferrée se dirige au sud-est jusqu'à la station d'Abou-Chéqouq, en traversant une plaine fertile et sillonnée de canaux.
Elle laisse à l'est le monticule de Tell el Tmei qui marque l'emplacement de l'ancienne Thmuis.

Petite ville entourée de canaux.

Station à 800 mètres au nord-est du village du même nom.
A quelque distance d'Abou Cheqouq, la ligne ferrée se dirige vers le sud-sud-est, à travers un pays fertile, arrosé par les dérivations du Bahr Moezz.

3

| DISTANCES. | | STATIONS |
entre chaque point.	TOTALES.	ET POINTS REMARQUABLES.
kilom.	kilom.	
10	110	El Boukah.............................
4	114	Abou Kébir.............................
12	126	Hehieh.............................
13	139	Zagazig............................. (Intersection.)
		Tell el Bastah............ .... (Bubastis.)
11	150	Bordeïn.............................
10	160	Belbeïs.............................
4	164	Inchas.............................
24	188	Chibin el Kanater............ ....
19	207	Calioub.............................

RENSEIGNEMENTS.

La ligne franchit le Bahr Moezz, canal profond qui suit le cours de l'ancienne branche tanitique. Il part du Nil, en aval de Benhâ'l Assal et se jette dans le lac Menzaleh, au nord de Sane (ruines de Tanis).

Station. — La ligne change de direction vers le sud-ouest. — Embranchement vers Salhieh (aucun renseignement).

Station. — Petite ville sans importance.
La voie longe la rive droite du Bahr Moezz.

Station. — Buffet.
Embranchements à deux voies vers Benhâ (37 kil.) et Mansourah (65 kil.) à une seule voie.
Depuis la construction des deux voies ferrées qui s'y croisent, Zagazig s'est développé rapidement. La ville a un aspect agréable; de beaux jardins, dont le voisinage des canaux rend l'entretien facile, entourent les habitations.
Commerce du coton et des céréales.
Au sortir de Zagazig, le chemin de fer se dirige vers le sud et passe près de Tell el Bastah, où sont les ruines de Bubaste.

Station.

Station. — La ville est près du canal d'eau douce qui va du Caire à Ismaïlia et à Suez.
Le chemin de fer se dirige vers le sud-ouest.

Il passe près d'Inchas.

Station. — A 1 kil. à l'est de cette station se trouve le *Tell el Yaouday*, monticule des Juifs, emplacement de l'antique Onion.
Le chemin de fer franchit une branche du canal Abou Méneggèh.

Station insignifiante, d'où l'on aperçoit à l'ouest les grandes tours en briques qui s'élèvent aux extrémités du barrage du Nil.
La ligne franchit le canal de Cherkaoui.

DISTANCES		STATIONS
entre chaque point.	TOTALES.	ET POINTS REMARQUÁBLES.
kilom.	kilom.	
14	221	Le Caire..........................

6. — DE PORT-SAID AU

1° De Port-Saïd à Ismaïlia, par le canal maritime : 80 kilomètres bateau à vapeur part tous les jours pour Ismaïlia ; tous les deux

2° D'Ismaïlia au Caire, par le chemin de fer : 159 kilomètres par entre *Ismaïlia et Zagazig.*

Total : De Port-Saïd au Caire, 239 kil. parcourus en un jour, si canal.

»	»	Ismaïlia............................
4	4	Nefiche............................
22	26	Mazamah.............. ....

RENSEIGNEMENTS.

Débarcadère du Caire, au nord de la ville, au delà du grand canal.

CAIRE PAR ISMAILIA.

parcourus en 7 à 12 heures. (Voir les voies navigables.) — Un petit jours part un bateau de la Compagnie.

courus en 4 heures. — (Voir ci-dessous.) — *La ligne est à deux voies*

les navires de guerre ne sont pas assujettis aux garages dans le

Ville créée depuis la construction du canal maritime, dont elle occupe à peu près le centre.

3,000 habitants environ ; cette population, qui tend à décroître depuis quelques années, est composée surtout d'employés de l'administration du canal, de quelques représentants des puissances et de marchands européens et indigènes. Ismaïlia pourrait prendre quelque importance par la mise en culture des terrains situés à l'ouest du canal maritime, au moyen de nouveaux canaux qui s'alimenteraient dans le canal d'eau douce.

Le lac Timsah sert de port à Ismaïlia.

Station où l'embranchement d'Ismaïlia rejoint la ligne du Caire à Suez.

Bifurcation du canal d'eau douce dont une branche se dirige vers Suez, le long du chemin de fer, et l'autre passe à Ismaïlia. Cette branche traverse deux écluses et arrive à l'établissement des eaux, où de puissantes machines élèvent l'eau du canal et l'amènent dans des conduits en fonte, disposés le long de la berge du canal, depuis Ismaïlia jusqu'à Port-Saïd.

Le chemin de fer se dirige vers l'ouest, dans la direction de Zagazig, à travers le désert. Il est *à deux voies*.

Station, sur le bord du lac du même nom.

| DISTANCES. | | STATIONS |
entre chaque point.	TOTALES	ET POINTS REMARQUABLES.
kilom.	kilom.	
4	30	Gassassin. . . . .
19	49	Tell el Kébir. . . . .
12	61	Abou Ahmed. . . . .
16	77	Zagazig . . . . (Intersection.)
11	88	Bordeïn. . . . .
10	98	Belbeïs. . . . .
4	102	Inchas. . . . .
24	126	Chibin el Kanater. . . . .
19	145	Calioub . . . .
14	159	Le Caire. . . . .

RENSEIGNEMENTS.

Pas de station. — Le chemin de fer entre dans la vallée fertile de l'Ouady Toumilat. Il sert, pour ainsi dire, de ligne de démarcation entre deux zones distinctes :
Au sud, les terrains arrosés et cultivés de la vallée ;
Au nord, le désert absolument aride.

Station. — A quelque distance du village de Tell el Kébir, dans la vallée de l'Ouady Toumilat.
Entre cette station et la suivante, se trouve le point de jonction des deux branches du canal d'eau douce ; l'une, celle du sud-ouest, s'alimente directement au Caire, et l'autre, celle de l'ouest, reçoit l'eau de la branche pélusiaque (Bahr Moezz) qui passe à Zagazig.

Station. — Charmant village. Point de station de la route des caravanes qui vont d'Égypte en Syrie, par Salhièh et El Kantara.
Le désert cesse à partir de ce point, et le chemin de fer traverse une zone verdoyante et fertile qui se continue, à travers les plaines du Delta, jusqu'au Caire.

Voir l'itinéraire précédent.
Embranchement à deux voies vers Benhâ (37 kil.) et Mansourah (05 kil.), à une seule voie.

Voir l'initéraire précédent. Le chemin de fer n'a plus qu'une voie.

Id.

Id.

Id.

Id.

Id.

| DISTANCES | | STATIONS |
entre chaque point.	TOTALES.	ET POINTS REMARQUABLES.
kilom.	kilom.	
		7. — DE SUEZ AU
		243 kilomètres par
»	»	Port-Ibrahim............
3	3	Suez....................
18	21	Chalouf el Terraba........
19	40	Geneffé.................
20	60	Faïd....................
16	76	Le Sérapéum.............
13	89	Néfiche.................
22	111	Mazamah................
23	134	Tel el Kébir.............
12	146	Abou Ahmed.............

RENSEIGNEMENTS.

CAIRE PAR ISMAILIA.

couru en 7 ou 8 heures.

Extrémité sud du canal de Suez. — Rade contenant 1,600 mètres de quai. — Port de commerce et port de guerre. Un embranchement spécial relie Port-Ibrahim à Suez.

15,000 habitants. — Port pouvant contenir 500 navires de toutes les grandeurs. Hôpital anglais. Établissement des eaux. Le chemin de fer se dirige vers le nord.

Station. — La voie se rapproche à 200 ou 300 mètres du canal maritime, et est longée par le canal d'eau douce du Caire à Suez.

A partir de Chalouf el Terraba, le chemin de fer suit une ligne sinueuse dont la direction générale est celle du nord-ouest ; il contourne le bassin des lacs Amers. Le canal d'eau douce court entre le chemin de fer et les lacs.

Station. — Carrières.

Station, non loin des rives des lacs Amers. — Le chemin de fer reprend la direction du nord et se rapproche du canal maritime vers le Sérapéum.

Station.

Station d'où part un embranchement qui conduit à Ismaïlia (4 kil.).

Voir l'itinéraire précédent pour le trajet de Néfiche au Caire. La ligne est *à deux voies* jusqu'à Zagazig.

Id.

Id.

Id.

3.

| DISTANCES. | | STATIONS |
entre chaque point.	TOTALES.	ET POINTS REMARQUABLES.
kilom.	kilom.	
16	162	**Zagazig**................................
11	173	**Bordeïn**................................
10	183	**Belbeïs**................................
4	187	**Inchas**................................
24	211	**Chibin el Kanater**...................
19	230	**Calioub**............................
14	244	**Le Caire**...... ....

8. — DE PORT-SAÏD

1° De Port-Saïd à Ismaïlia, par le canal maritime, 80 kilom.
2° D'Ismaïlia à Suez, par le chemin de fer, 90 kilom. parcou-

»	»	**Ismaïlia**............................
4	4	**Néfiche**............................
13	17	**Sérapéum**..... ....
16	33	**Faïd**............................
20	53	**Geneffé**............................

RENSEIGNEMENTS.

Voir l'itinéraire précédent. La ligne n'a plus qu'une voie.

Id.

Id.

Id.

Id.

Id.

Id.

A SUEZ, PAR ISMAILIA.

parcourus en 7 à 12 heures (Voir les *Voies navigables*).
rus en 4 ou 5 heures (Voir ci-dessous).

La ligne est *à une voie*. — Voir l'itinéraire n° 6.

Station où l'embranchement d'Ismaïlia rejoint la ligne du Caire à Suez. — Voir l'itinéraire n° 6.
Le chemin de fer se dirige d'abord vers le sud-sud-est, en suivant la rive droite du canal d'eau douce, dans une direction sensiblement parallèle à celle du canal maritime. Il traverse une contrée absolument aride, jusqu'à Suez.

Station. Le chemin de fer se dirige vers le sud pour contourner la rive occidentale du grand bassin des lacs Amers.

Station voisine des rives des lacs Amers. Le chemin de fer se dirige vers le sud-ouest, en passant entre les lacs et le Ghebel Geneffé.

Station. Carrières.

| DISTANCES | | STATIONS |
entre chaque point.	TOTALES.	ET POINTS REMARQUABLES.
kilom.	kilom.	
19	72	**Chalouf el Terraba**...............
18	90	**Suez**....................
3	93	**Port-Ibrahim**....................

LIGNES DE COMMUNICATIONS

9. — D'ALEXANDRIE

54 kilomètres par

Un chemin de fer de banlieue, dont la gare est près de l'Aiguille grand nombre de villas et de maisons de campagne pittoresque

		Alexandrie....................
4	4	**La Maison Carrée**............. (Sidi Gaber.)
2	6	**El Mohammediéh**...........
2	8	**És Syouf**....................
4	12	**El Mandarah**....................

RENSEIGNEMENTS.

Station. La voie se redresse vers le sud en se rapprochant à 2 ou 300 mètres du canal maritime.

15,000 habitants. — Etablissement des eaux. — Hôpital anglais. — Port pouvant contenir 500 navires de toutes grandeurs. — La gare est du côté nord de la ville, sur l'ancien quai de débarquement.

Extrémité sud du canal de Suez. — Port de commerce et port de guerre. — Longueur des quais : 1600 mètres. — Un embranchement spécial relie Suez à Port-Ibrahim.

ENTRE LES PRÉCÉDENTES.

A ROSETTE.

courus en 3 heures.

de Cléopâtre, conduit, le long de la côte, à Ramlèh. Il dessert un ment situées.

La gare du chemin de fer de Rosette est la même que celle de la ligne du Caire, près de la porte de Moharem Bey.

La voie se dirige vers le nord-est en passant près de la promenade du canal, du palais de Ramlèh et du lac de Khadra.

Elle continue vers le nord-est en laissant à droite la ligne d'Alexandrie au Caire.

Station, près du canal Mahmoudièh.

Station et village important. — Le chemin de fer court parallèlement à la côte, à une distance moyenne de 500 mètres.

Station, sur la langue de terre qui sépare le lac d'Aboukir de la Méditerranée.

| DISTANCES | | STATIONS |
entre chaque point.	TOTALES.	ET POINTS REMARQUABLES.
kilom.	kilom.	
6	18	**Aboukir**............................
11	29	**El Madieyh**......................
9	38	**Edkou**..........................
16	54	**Rosette**........................

RENSEIGNEMENTS.

Station, à environ 1 kilomètre du village d'Aboukir; ce village est aujourd'hui sans importance.

La côte de la Méditerranée, depuis le Caire jusqu'à Aboukir, est défendue par une série de fortins, qui n'ont pas grande valeur.

Un phare domine le promontoire d'Aboukir.

A partir de la station d'Aboukir, la ligne se dirige vers l'est et contourne la rive septontrionale du lac d'Aboukir, en restant sur la langue étroite de terrain qui sépare le lac de la Méditerranée.

Station. — Le chemin de fer se redresse vers le nord-est, entre la mer et le lac d'Edkou.

Station. — Village construit sur une colline de sable entre la la mer et le lac d'Edkou.

D'el Madieyh à Rosette, la ligne traverse un désert de sable absolument aride.

14,000 habitants. — Sur la rive gauche du Nil une grande partie des maisons sont en ruines.

La ville est entourée d'une muraille percée de meurtrières qui pourrait la protéger efficacement contre des partis arabes, mais qui ne résisterait pas à l'artillerie.

Rosette, célèbre par la salubrité de son climat, avait autrefois une population de 25,000 âmes. La création des deux chemins d'Alexandrie au Caire et de Damiette au Caire a détourné le mouvement commercial au profit des deux ports précédents. — Un chemin de fer est projeté entre Rosette et Damanhour; il pourrait rendre à Rosette une partie de son importance d'autrefois.

L'eau du Nil à Rosette est absolument douce, excepté lorsque les vents du nord soufflent avec quelque persistance; elle devient alors légèrement salée. Mais il existe des sources d'eau douce aux environs de la ville.

| DISTANCES | | STATIONS |
entre chaque point.	TOTALES.	ET POINTS REMARQUABLES.
kilom.	kilom.	

10. — DE ROSETTE

De Rosette à Dessouk, l'unique voie de communication est le
Rosette au Caire, pour la partie comprise entre Rosette et Mahallet

»	»	Rosette..........................
	56	Dessouk..........................
	115	Mahallet Rokh..........................
10	125	Mahallet el Kébir..........................
7	132	Samanhoud..........................
19	151	Talkah..........................
24	175	Chirbin..........................
13	188	Kafe Terrach..........................

RENSEIGNEMENTS.

A DAMIETTE.

Nil. (Voir les *Voies navigables*. Voir en outre l'itinéraire n° 3, de Rokh.)

Sur la rive gauche du Nil (branche de Rosette).

Tête de ligne; embranchement sur Damanhour (20 kilom.).

Village peu considérable. — Nœud de chemins de fer important, d'où on peut se rendre par voie ferrée à Damiette, à Ismaïlia, au Caire et à Alexandrie.
La ligne de Damiette se dirige vers le nord-est. A Samanhoud elle rejoint la branche de Rosette, dont elle longe constamment la rive gauche jusqu'à Damiette. Elle traverse de riches campagnes très bien cultivées, grâce aux nombreux canaux d'irrigation qui les parcourent dans tous les sens.

Station. — Chef-lieu de district, 20,000 habitants. — Agréablement située sur le bord d'un canal, au milieu d'une plaine verdoyante. La ville est bâtie en briques. — Manufactures de coton et fabriques de sel ammoniac.

Ville de quelque importance sur la rive gauche de la branche de Rosette. — Bazars arabes semblables à ceux des grandes villes. — Quelques mosquées. — Poteries estimées.

Village et *station* en face de Mansourah.
Mansourah, 16,000 habitants, chef-lieu de la province de Dakhalieh, communique par un bac avec la station de Talkah.
Manufactures de toiles, de crêpes, d'étoffes de coton et de lin.

Station peu importante.

Station peu importante.

| DISTANCES | | STATIONS | |
entre chaque point.	TOTALES.	ET POINTS REMARQUABLES	
kilom.	kilom.		
26	214	**Damiette**...............................	2 de I sép: mos Pot'

11. — DE DAMANHOUR À

«	»	**Damanhour**...............................	V Dan
20	20	**Dessouk**...............................	T
59	59	**Mahallet Rokh**...............................	V sur
10	69	**Mahallet el Kébir**...............................	2 le b en]
7	76	**Samanhoud**...............................	V des
19	95	**Talkah**...............................	P bac
«	»	**Mansourah**...............................	M Dak

12. — DE MANSOU RAE

«	«	**Mansourah**...............................	1(L trav

RENSEIGNEMENTS.

29,000 habitants. Bâtie sur la rive droite du Nil, à 8 kilomètres de l'embouchure de Damiette. C'est le second port de l'Égypte.

La ville s'étend en forme de croissant sur la langue de terre qui sépare le Nil du lac Menzaleh. Maisons élevées; grandes et belles mosquées; riches campagnes aux environs. Pêcheries et rizières. Poteries estimées.

À MANSOURAH.

Ville importante, chef-lieu de la province de Beheireh. Bac entre Damanhour et Dessouk.

Tête de ligne de l'embranchement de Dessouk à Tantah.

Village sans importance. Embranchement sur Ziftah (38 kil.) et sur le Caire (97 kil.).

20,000 habitants, chef-lieu du district. Agréablement située sur le bord d'un canal, au milieu d'une campagne verdoyante. Bâtie en briques. Manufactures de coton et fabriques de sel ammoniac.

Ville de quelque importance, avec des bazars semblables à ceux des grandes villes d'Égypte, et quelques mosquées.

Petite localité située en face de Mansourah qui est reliée par un bac avec la station.

Mansourah. — 16,000 habitants. Chef-lieu de la province de Dakahlieh. Toiles, crêpes, étoffes de coton et de lin.

RAH A SALIEH.

16,000 habitants. — Voir précédemment.

La ligne ferrée se dirige au sud-est jusqu'à Abou Cheqouq, en traversant une plaine fertile et sillonnée de canaux.

| DISTANCES | | STATIONS |
entre chaque point.	TOTALES	ET POINTS REMARQUABLES.
kilom.	kilom.	
21	21	**Soumbellaouin**..................
14	35	**Abou Cheqouq**..................
10	45	**El Boukah**.....................
4	49	**Abou Kébir**....................
12	61	**Facquous**......................
10	71	**Sahlièh**.......................

13. — D'ALEXANDRIE A SUEZ

362 kilomètres par

La ligne est à deux voies entre Alexandrie

»	»	**Alexandrie**.....................
5	5	La Maison Carrée................. (Sidi Gaber.)

RENSEIGNEMENTS.

Elle laisse à l'est le monticule de Tell el Tmei, ruines de l'ancienne Thmuis.

Petite ville entourée de canaux.

Station à 800 mètres au nord-est du village du même nom. La ligne se dirige vers le sud-sud-est, à travers un pays fertile arrosé par les dérivations du Bahr Moezz.

Elle franchit bientôt le Bahr Moezz, canal profond qui suit le cours de l'ancienne branche tanitique. Il part du Nil, en aval de Benhâ'l Assal et se jette dans le lac Menzaleh, au nord de Sane (ruines de Tanis).

Station. — L'embranchement de Salieh se dirige à l'est.

Ruines de Phacos.

Village, point de *station* de la route des caravanes qui se rendent d'Égypte en Syrie, par Kantara.

PAR TANTAH ET ZAGAZIG.

courus en 11 heures.

et Ismaïlia, à une voie entre Ismaïlia et Suez.

La gare des voyageurs est située au sud de la ville, près de la porte de Moharem Bey.

Le chemin de fer se dirige d'abord vers le nord-est. Il passe à quelque distance de la promenade du canal, du palais de Ramleh et du lac de Khadra.

Au delà de la Maison Carrée, il franchit le canal et se dirige vers l'est, en laissant à gauche la ligne d'Alexandrie à Rosette.

A 15 minutes de la Maison Carrée, la chaussée du chemin de fer

DISTANCES		STATIONS
entre chaque point.	TOTALES.	ET POINTS REMARQUABLES.
kilom.	kilom.	
23	28	Kafr Douar...............
18	46	Abou Hommos...............
16	62	Damanhour...............
26	88	Tell el Barout...............
17	105	Kafr el Zaïat...............

tr
cl

bc
co

ta
R

ca

El
du

ric

co
ha
l
qu'
am
rep
s'o
qu'

bra
la
non
dui
tou

RENSEIGNEMENTS.

traverse le lac Maréotis (Mariout). Bientôt elle sort du lac et s'infléchit vers le sud-est.

Station. — L'aspect du pays est assez monotone. La ligne est bordée d'un côté par des marais et de l'autre par des champs de coton.

Station. — Le canal Mahmoudieh tourne à l'est à quelque distance d'Abou Hommos, pour rejoindre à Afteh la branche de Rosette.

Station. — Embranchement sur Dessouk (20 kil.) le long du canal Damanhour.

Ville assez importante par le commerce dont elle est le centre. Elle est le chef-lieu de la province de Beherreh. Très riche en produits agricoles; manufactures de coton.

Au delà de Damanhour, le chemin de fer traverse une plaine richement cultivée et sans aucune ondulation.

Station d'où se détache la ligne de la rive gauche du Nil qui conduit à Boulak Dakrour et est prolongée par le chemin de fer du haut Nil jusqu'à Syout et Kénèh.

La ligne de Suez continue dans la direction sud-est, jusqu'à ce qu'elle atteigne la branche de Rosette. Elle traverse le fleuve en amont de Dahari, sur un beau *pont en fer, de douzes arches, qui reposent sur des piles creuses en fonte*. Une portion tournante peut s'ouvrir pour donner passage aux plus gros bateaux. *Ce pont n'a qu'une voie.*

Station ; buffet. — La partie du Delta comprise entre les deux branches de Rosette et de Damiette est la plus fertile ; mais aussi la plus difficile à parcourir. C'est une plaine sans fin, coupée d'innombrables canaux, très bien cultivée et couverte de riches produits ; elle est parsemée de petits villages fellahs dominés par des touffes de palmiers.

| DISTANCES | | STATIONS |
entre chaque point.	TOTALES.	ET POINTS REMARQUABLES.
kllom.	kilom.	
18	123	**Tantah**.............................
18	141	**Birket es Sab**.....................
24	165	**Benhâ'l Assal**.................... (La ville du miel.)
20	185	**Miniet el Gham**...................
18	203	**Zagazig**...........................

P
su
pa
an
le
l'I

Zi

es
br

br
Za

et
de

de
de
tio

et

do
val

RENSEIGNEMENTS.

60,000 habitants. — Capitale de la province de Garbyèh. — Palais du vice-roi. — Hôpital, poste, télégraphe. — Agences consulaires de France, d'Angleterre et des Etats-Unis. — Trois foires par an, qui durent chacune huit jours, en janvier, avril et août, amènent dans cette ville plus de 200,000 personnes, attiréees par les ventes ou les achats de bestiaux, venus de tous les points de l'Egypte.

Embranchements sur Dessouk (75 kilom.); Damiette (115 kilom.); Zifteh (54 kilom.), et Chibin el Kom (30 kilom.).

Au delà de Tantah, le chemin de fer se dirige vers le sud-sud-est, à travers de riches cultures toujours coupées de canaux innombrables.

Station peu importante.

Avant d'arriver à Benhâ'l Assal, le chemin de fer franchit la branche de Damiette sur un pont semblable à celui de Kafr el Zaïat.

Station importante, près des ruines d'Athribis. — Miel, oranges et mandarines estimées. — L'importance de cette ville diminue de jour en jour au profit de Zagazig.

Embranchement *à deux voies* vers le Caire (45 kilom.).

Embranchement à une seule voie sur Mit Bereh (8 kilom.).

Station.

38,000 habitants. — Cette ville a pris une importance croissante depuis plusieurs années et tend à devenir le centre du commerce de la contrée. On y remarque un certain nombre de belles habitations, entourées de jardins. — Cotons et céréales.

Embranchements vers le Caire (82 kilom.), Damiette (139 kilom.) et Salièh (52 kilom.).

Le chemin de fer se dirige vers l'est à travers une zone verdoyante, le long du canal d'eau douce. La vue est récréée par la vallée fertile de l'Ouady Toumilat.

DISTANCES		STATIONS
entre chaque point.	TOTALES.	ET POINTS REMARQUABLES.
kilom.	kilom.	
16	219	Abou-Hammed.....................
12	231	Tell el Kebir.................
		Gassassin.... ....
23	254	Mahsamah.....................
22	276	Nefiche.....................
13	289	Serapéum.....................
16	305	Faïd.....................
20	325	Geneffé.....................
19	344	Chalouf el Terraba.....................

RENSEIGNEMENTS.

Charmant village. — Station de la route des caravanes entre l'Égypte et la Syrie, par Salayèd.

Entre cette station et la suivante, se trouve le point de jonction des deux branches du canal, dont l'une, celle du sud-ouest, s'alimente directement au Caire, et l'autre, celle de l'ouest, reçoit l'eau de la branche pélusiaque du Nil, qui passe à Zagazig.

Station. — A partir de ce point, la ligne du chemin de fer sépare deux zones distinctes :

Au sud, des terrains arrosés et bien cultivés;

Au nord, le désert.

Village à la sortie de l'Ouady Toumilat. Après avoir passé ce point, on entre en plein désert.

Près du lac du même nom.

Station, embranchement sur Ismaïlia (4 kilom.).

Bifurcation du canal d'eau douce. Une des branches arrive en traversant deux écluses à Ismaïlia, d'où elle est élevée, à l'aide de puissantes machines à vapeur, et amenée dans des conduits en fonte établis le long de la berge du canal maritime jusqu'à Port-Saïd.

Le chemin de fer, à partir de Nefiche, prend la direction du sud-est; il suit une ligne sinueuse sur la rive droite du canal d'eau douce, à travers le désert.

Station.

Station, près des rives des lacs Amers.

Le chemin de fer se dirige vers le sud-ouest.

Station.

Station. — La voie se rapproche à 2 ou 300 mètres du canal maritime.

DISTANCES		STATIONS
entre chaque point	TOTALES.	ET POINTS REMARQUABLES.
kilom.	kilom.	
18	362	Suez........ ....
		14. — D'OM-DINAR
		Om Dinar...... ....
4	4	Barrage du Nil........... ....
8	12	Kalioub................ ....
		MOYENNE ET
		15. — DU CAIRE A
		124 kilomètres parcourus en 6
»	»	Boulak-Dakrour...................

RENSEIGNEMENTS

15,000 habitants. — Port pouvant contenir 500 navires de toute grandeur.

A 3 kilomètres de Suez, Port-Ibrahim, à l'extrémité sud du canal maritime ; port de commerce et port de guerre. — Quais d'une longueur de 1,600 mètres.

A KALIOUB.

D'Om Dinar on se rend à âne au barrage du Nil.

Double pont sur la branche de Rosette, l'île de Chalagné et la branche de Damiette. Il fait face à l'intervalle compris entre les deux branches du fleuve, et que les Egyptiens appellent le *Ventre de la vache.*

(Voir pour la description du barrage l'Itinéraire n° 1, page 35.)

Le chemin de fer ne commence que sur la rive droite du Nil, à quelque distance de l'extrémité est du barrage. Il n'offre aucun intérêt jusqu'à Kalioub.

Village sans importance. Embranchement sur le Caire (68 kilom.), et sur Zagazig (14 kilom.).

HAUTE ÉGYPTE.

MEDINET EL FAYOUM.

heures. (2 heures d'arrêt à El Ouasta).

La tête de ligne du chemin de fer de la haute Égypte est à Boulak-Dakrour, station à 6 kil. à l'ouest du Caire. On s'y rend par le pont de Kasr el Nil et la route des Pyramides.

La ligne du chemin de fer suit constamment la rive gauche du Nil, à une distance variable ; elle traverse une plaine riche, semée

DISTANCES		STATIONS
entre chaque point.	TOTALES.	ET POINTS REMARQUABLES.
kilom.	kilom.	
23	23	**Bédrécheïn** . . . .
28	51	**El Aïat** . . . .
23	74	**Girzèh** . . . .
10	84	**El Ouasta** . . . .
34	116	**El Edoua** . . . .
10	126	**Médinet el Fayoum** . . . .

de
la
de
fai
l
cel
l
pyr
lui
I
Mé
I
la
I
nal
F
par
non
8
que
fleu
maï
esti
L
de l

RENSEIGNEMENTS.

de nombreux bois de palmiers. La chaîne libyque court à l'ouest de la voie, à une distance moyenne de 20 kilomètres.

Au sortir de Boulak, on aperçoit à droite les grandes pyramides de Gizeh, puis celles d'Abousir, élevées sur la crête du plateau qui fait face au Caire.

Village formé de huttes en terre à 1 kilomètre du Nil.

Le chemin de fer laisse à droite les pyramides de Saqqarah, puis celles de Dachour.

Station.

Station.

Le chemin de fer passe entre Rekka el Kébir et Meïdoum et sa pyramide.

Charmant village sur les bords du Nil. De nombreuses barques lui donnent l'aspect d'un petit port marchand.

De ce point, se détache vers l'est l'embranchement qui conduit à Médinet el Fayoum, à travers un pays fertile et bien cultivé.

Le chemin de fer commence à gravir la petite chaîne qui sépare la vallée du Nil de l'oasis du Fayoum.

De l'autre côté de la chaîne, elle rencontre le lit d'un ancien canal nommé le Bahr Ouardan.

Petit village sur la lisière du pays cultivé. Gibier abondant, et particulièrement le gibier d'eau. Le pays est entrecoupé de canaux nombreux.

8,000 habitants. — Capitale du Fayoum. — Ville arabe de quelque importance, située sur le Bahr Yousouf qui ressemble à un fleuve. — Population active et commerçante. — Blés, cotons, maïs, fruits de toutes sortes ; très belles roses. Toiles et nattes fort estimées.

La province de Fayoum est au-dessus du Delta, la seule partie de l'Egypte qui soit en dehors de la vallée immédiate du Nil. C'est

DISTANCES		STATIONS
entre chaque point.	TOTALES.	ET POINTS REMARQUABLES.
kilom.	kilom.	
		Abouquiss. . . . .
		16. — DU CAIRE
		615 kil.
»	»	Boulak-Dakrour.
84	84	**El Ouasta**. . . . .
29	117	**Beni Souef**. . . . .
30	147	**Fechn**. . . . .
22	169	**Maghâgha** ou Marara. . . . .

un bassin enveloppé d'une ceinture de hauteurs, et où le Nil envoie une dérivation naturelle, dont on tire un merveilleux parti pour l'irrigation des terres. Le diamètre moyen de ce bassin est de 40 kilomètres.

Le Birket el Kéroun (lac de la Corne) se développe du sud-ouest au nord-est sur une longueur de près de 50 kilomètres, sur une largeur de 7 à 8 kilomètres. La profondeur moyenne des eaux est de 10 mètres. L'eau est saumâtre et salée, surtout avant que l'inondation ait rempli le lac d'eau douce.

Le chemin de fer se prolonge jusqu'à Abouquiss, à 18 kilomètres de Médinet el Fayoum et à 6 kilomètres du (lac) Birket el Kéroun.

A KÉNÈH.

mètres.

Voir page 79.

5,000 habitants. — Capitale de la province de Beni Souef. — Poste et télégraphe. — Petite ville entourée de beaux sycomores et de palmiers. — Manufacture de toiles pour les vêtements des fellahs, et de tapis de laines.

Chef-lieu de province.
La chaîne arabique s'éloigne de la rive droite du Nil en décrivant un grand arc de cercle.

Station. — Sucrerie importante. — Culture de la canne à sucre.
En face de Maghâgha se trouve le djebel Cheikh Embarrak, montagne considérable qui serre de près la rive droite du fleuve et termine un grand plateau qui s'étend très loin vers le sud-est.
Sur la rive gauche, au contraire, la vallée conserve sa largeur, qui n'est pas moindre de 20 kilomètres.

4.

| DISTANCES | | STATIONS |
entre chaque point.	TOTALES.	ET POINTS REMARQUABLES.
kilom.	kilom.	
25	194	**Abou Girg**............................
21	215	**Kolo-Sana**...........................
36	251	**Miniéh**.............................
23	274	Beni Assan el Gidid....................
17	291	**Rôda**...............................
10	301	**Mellaweh** el Arich..................
11	311	Hadji Kandil..........................

RENSEIGNEMENTS.

(Ou Abou Girgeh). Grande ville fellah située dans .une riche plaine à 3 kilomètres du Nil.

Jusqu'à la station d'Abou Girgeh, le voyage du Nil ne présente qu'un faible intérêt. A partir de ce point, on entre dans une région où les ruines et les souvenirs historiques se succèdent sans interruption.

Grand village, à partir duquel le Nil fait un coude très prolongé à l'ouest.

A 14 kilomètres au delà de Kolo-Sana se trouve Samaloud, petite ville remarquable par un joli minaret qui s'élance gracieusement à une grande hauteur du milieu d'un bouquet de palmiers.

Les montagnes à l'est du fleuve, Gebel el Taïr, se terminent sur le Nil même, sans aucun intervalle. Cette disposition persiste pendant près de 70 kilomètres. Sur la rive gauche, la vallée conserve une largeur moyenne de 15 kilomètres.

20,000 habitants. — Capitale de la province du même nom et résidence du *moudir*. — Poste et télégraphe. — Bains et mosquées. — Sucrerie. — Palais du vice-roi.

Village composé, comme tous les villages arabes, de huttes basses; situé à l'extrémité sud d'un beau bois de palmiers.

Joli village entouré de palmiers. — Nombreuses fabriques fondées par Ibrahim-Pacha. — Palais du khédive, et magnifique sucrerie.

Sur la rive opposée se trouve Antinoë, fondée par l'empereur Adrien.

Chef-lieu de province. — Marché tous les dimanches.

En face du tumulus de Tell el Armanah (rive droite).

Au-dessus de Tell el Amarna, le fleuve décrit un coude à l'ouest. De ce côté, la chaîne libyque est toujours à la même distance et le paysage conserve le même caractère. A l'est, la chaîne arabique se rapproche du Nil, qu'elle rejoint au-dessus d'El Aouara.

| DISTANCES | | STATIONS |
entre chaque point.	TOTALES.	ET POINTS REMARQUABLES.
kilom.	kilom.	
27	338	**Bené Qorra**......................
16	354	**Manfalout** ....
15	369	**Syout** ou Assyout..................

RENSEIGNEMENTS.

A partir de ce point, elle s'élève à pic sur le fleuve. Des coups de vent fréquents dans ces parages rendent la navigation assez difficile et exigent des précautions particulières.

Au sortir de ce mur de rochers qui n'a pas moins de 7 kilomètres de long, les collines s'écartent du rivage, sans s'éloigner toutefois de plus de 2 kilomètres. Cette chaîne est le djebel Abou Fodâh qui s'étend sur une longueur de plus de 20 kilomètres, toujours rapprochée du fleuve et souvent interceptant le passage.

Village. — Le Nil, très élargi, divise ses eaux autour de deux îles parallèles qui s'étendent en face de montagnes coupées de ravins profonds.

A partir de Bené Chéqir, la chaîne arabique se dirige à l'est, puis au sud-est, laissant entre elle et le fleuve une plaine, dont la partie voisine de la montagne est envahie par les sables, tandis qu'une bande de grandeur variable, resserrée entre le désert et le fleuve, est livrée à la culture et porte des villages nombreux.

Ville d'une certaine importance, autrefois capitale de province. — Marché tous les dimanches.

Manfalout a beaucoup souffert des empiètement du Nil, qui ne cesse de la menacer.

Vers Manfalout, le plateau de la chaîne libyque se rapproche du fleuve (rive gauche). Le fleuve décrit plusieurs courbes considérables. Pour la première fois, il coule entre deux déserts; mais cette interruption de la végétation ne dure pas sur la rive gauche; les bois de palmiers reparaissent bientôt avec les champs cultivés.

En approchant de Syout, les escarpements de la chaîne libyque se rapprochent de plus en plus du fleuve.

Ville agréablement située à quelque distance du fleuve. — 27,000 habitants. — Chef-lieu de la province d'Assyout. — Bureau télégraphique. — Agent consulaire américain. — Commerce important des marchandises venues du Soudan : poteries, fourneaux de pipes, teinture d'indigo, coton, opium.

| DISTANCES | | STATIONS |
| entre chaque point. | TOTALES. | ET POINTS REMARQUABLES. |
kilom.	kilom.	
26	395	Aboutig...............................	Vil
23	418	Gaou el Kébir......	Gr
20	438	**Tahtah**....................	Vil
40	478	**Souhâg**..........................	Pe
17	495	Menchyèh........................	La
20	515	**Girgeh**..........................	Vil
12	527	Bellianèh.........................	Vill
30	557	Farchout......................	Vill
13	570	Kasr el Sayad....................	Vill

RENSEIGNEMENTS.

Les bazars de Syout sont peut-être les plus riches de l'Égypte après ceux du Caire : ivoire, corne de rhinocéros, plumes d'autruche, poudre d'or, etc.

L'Égypte ne présente peut-être pas d'endroit où la vallée du Nil ait un aspect plus riche et plus riant. Au temps des grandes inondations, toute cette plaine verdoyante se transforme en un lac immense qui se confond avec le Nil.

A partir de Syout, la chaîne lybique et la chaîne arabique continuent à projeter leurs murs de rochers, tantôt sur la rive gauche du fleuve, tantôt sur la rive droite, formant toujours comme un rempart entre la vallée et le désert.

Le chemin de fer est construit jusqu'à Kénèh, *mais il ne doit être encore exploité que jusqu'à Syout.*

Village.

Gros village.

Ville d'une certaine importance.

Petite ville assez bien bâtie; plusieurs mosquées. — Chef-lieu de la province de Girgeh.

La chaîne arabique domine les bords mêmes du Nil (rive droite).

Ville importante, autrefois la capitale de la haute Égypte. Très bien bâtie, au milieu d'une plaine fertile, dont les villages sont entourés de palmiers et de bouquets d'arbres.

Village.

Ville encore importante, bien qu'elle soit en décadence depuis 30 ans. — Grande sucrerie appartenant au khédive.

Village.

| DISTANCES | | STATIONS |
entre chaque point.	TOTALES.	ET POINTS REMARQUABLES.
kilom.	kilom.	
45	615	Kénèh....................................

RENSEIGNEMENTS.

13,000 habitants, en partie grecs et coptes. — Entrepôt du commerce entre la haute Égypte et l'Arabie par la voie de Kosséïr. — Agent consulaire de France et d'Allemagne (un indigène cumule ces fonctions).

Les environs de Kénèh sont riches et fertiles, grâce au grand canal de Sanhour qui arrose toute la rive droite du Nil, du nord au sud.

Kénèh est le point de départ d'un assez grand nombre de routes de caravanes.

ITINÉRAIRES.

ROUTES ET CHEMINS.

| DISTANCES | | POINTS |
entre chaque point.	TOTALES.	REMARQUABLES.
kilom.	kilom.	
		1. — D'ALEXANDRIE AU CAIRE
»	»	**Alexandrie** ....
20	20	**Citerne** ....
30	50	**El Rachât** ....
75	120	**Daïr Baranious** ....

RENSEIGNEMENTS.

PAR L'OUADY NATROUM.

On sort d'Alexandrie par la porte Mahmoudieh située au sud-ouest de la ville.

La route se dirige au sud-ouest entre le lac Maréotis et la mer; elle passe au pied du fort de Mex, et côtoie ensuite la rive occidentale de l'Ouady Mariout.

La route se dirige au sud-est ver El Rachât. Elle traverse l'Ouady Mariout et ne peut être suivie qu'aux époques de l'année où les eaux sont basses dans le lac Maréotis. A l'époque des hautes eaux, on peut se rendre en bateau d'Alexandrie à El Rachât, par le lac.

Station des caravanes qui viennent de la côte occidentale de l'Afrique et qui gagnent le Nil par El Koueh et Koneisèh, en évitant Alexandrie.

La route se dirige vers le sud-est à travers un désert absolument inculte et sans eau pour gagner l'Ouady Natroum, un peu avant Daïr Baranious.

Couvent, 7 habitants.

Le district de l'Ouady Natroum, qui mesure environ 33 kilom. de longueur sur une largeur de 3 à 8 kilom., contient un village de 200 âmes et 4 monastères. La végétation y est rare et chétive. Cette vallée est plus basse que celle du Nil.

Le natron (sorte de sous-carbonate de soude) est recueilli dans la plaine et dans les lacs salés dont les principaux s'appellent El Goundefièh et El Hamra. On en retire aussi, mais en moins grande quantité, de deux autres lacs appelés El Hortaï et Mellahat el Djoun.

Les lacs sont au nombre de 12 ou 15 et disposés parallèlement à la direction générale de la vallée. Huit d'entre eux contiennent de l'eau toute l'année; le plus grand, situé au sud, se nomme Mellahat oum Richèh et ne donne que du chlorure de sodium. Deux

DISTANCES		POINTS
entre chaque point.	TOTALES.	REMARQUABLES.
kilom.	kilom.	
10	130	Amba Bichaï.............................
6	136	Daïr Suriani.........................
11	147	Saint-Macaire........................
75	222	Les Pyramides de Gizèh.............

RENSEIGNEMENTS.

étangs, le Birket el Schoukayfèh et le Birket el Rumaèd se dessèchent en été ; quelques autres étangs salés sont de peu d'importance.

Le niveau de l'eau dans les lacs varie suivant les saisons ; il commence à s'élever vers la fin de décembre, et continue ainsi jusqu'à la fin de mars ; à partir de cette époque, il décroît au point de ne laisser bientôt qu'une couche de natron cristallisé.

La vallée offre plusieurs sources d'eau douce, dont les plus pures sont au sud, dans le voisinage des monastères.

A Daïr Baranious, s'embranche la route qui conduit au village de Zakik ou Zakouk (7 kilom.), 200 habitants, qui est le point le plus peuplé et le plus septentrional de la vallée. Ce village a été fondé il y a une trentaine d'années au lieu appelé jadis El Kasr (le Château). A Zakik, aboutit le chemin qui conduit à travers le désert à Teraneh (60 kilom.) sur le Nil. C'est la route ordinaire du Caire à l'Ouady Natroum. On se rend du Caire à Teraneh par le Nil ou en chemin de fer. (Voir les chemins de fer et les voies navigables.)

Couvent, 13 habitants. — Chemin conduisant à Mit Salameh, sur le Nil (54 kilom.).

Couvent, 30 à 40 habitants.

Couvent, 22 habitants.
Ces couvents sont de grands bâtiments carrés fermés par des murs d'enceinte d'une quarantaine de pieds de haut. Chacune des communautés est gouvernée par un supérieur (gommos). Quelques-uns des moines sont prêtres et portent le titre de pères (abounas) ; les autres ne sont que des frères lais.

La route continue à suivre la vallée dans la direction du sud-est.

Une route carrossable conduit des pyramides de Gizèh au Caire, par Gizèh.

Des pyramides à Gizèh, elle suit une ligne droite.

DISTANCES		POINTS
entre chaque point.	TOTALES.	REMARQUABLES.
kilom.	kilom.	
8	230	**El Talbyêhe**....................................
4	234	**Palais du Khédive**............... Gizèh.
1	235	Passage à niveau..................
1	236	Station de Boulaq Dakrour........
2	238	Pont de l'île de Gezireh............
1	239	**Kasr el Nil**.....................
1	240	**Le Caire**......................

2. — DE SUEZ AU

RENSEIGNEMENTS.

Village sans importance.

La route remonte vers le nord et court entre l'ancien canal de Mariout et le chemin de fer de Boulak-Dakrour.

Sur le chemin de fer. La route traverse la voie et se retourne ensuite parallèlement à sa première direction.

Tête de ligne du chemin de fer de la haute Égypte. La route tourne à angle droit et se dirige vers l'est.

Pont en fer sur un bras du Nil, 100 mètres de longueur environ. La route traverse l'île de Gezireh dans la direction du nord-est.

Pont sur le Nil. — 250 mètres de longueur.

Capitale de l'Égypte, 350,000 habitants. — Le Caire est, après Constantinople, la plus grande et la plus belle ville de l'Orient musulman.

CAIRE DIRECTEMENT.

Plusieurs chemins conduisent de Suez au Caire par le désert arabique.

Le plus fréquenté remonte au nord-ouest jusqu'au fort Ageroud, tourne à l'ouest pour passer entre le djebel Attaka et le djebel Awebet et gagne en ligne droite le Birket el Haggi (lac des Pèlerins) près d'Abousir ; de ce point il redescend vers le sud-ouest et se dirige sur le Caire par Coubbeh et l'Abassieh.

Un autre chemin, moins fréquenté, contourne les pentes sud du djebel Attaka, et suit le rivage de la mer Rouge depuis Suez jusqu'à Tawahèh. Il remonte ensuite vers le nord par Ramlièh et le puits de Gandeli, en suivant la vallée de l'Égarement. Il aboutit à El Basatin d'où on peut gagner le Caire par une bonne route.

La distance de Suez au Caire est d'environ 140 kilom. La tra-

5

DISTANCES		POINTS
entre chaque point.	TOTALES.	REMARQUABLES.
kilom.	kilom.	

3. — D'ALEXANDRIE A

»	»	**Alexandrie**................
1,800	1,800	**Maison-d'Or**................
3,200	4,000	**Ramleh**................
20	24	**Maddieh**................

versée du désert est pénible ; on n'y rencontre aucun lieu habité et on ne peut y trouver d'eau qu'après les pluies ; encore est-elle rare et presque toujours saumâtre.

Avant la construction du chemin de fer, on pouvait faire le trajet de Suez au Caire en 3 jours, à dos de chameau. On peut estimer à 8 journées de marche le temps qui serait nécessaire à une colonne pour franchir cet espace.

ROSETTE (Environ 54 kil.).

On sort d'Alexandrie par la porte de Rosette. On arrive bientôt à un embranchement situé en face des cimetières chrétiens dont l'une des directions, celle de droite, conduit au *Palais n° 3*.

Grande tranchée nouvellement ouverte au travers des *Lignes françaises*. On désigne ainsi les gigantesques retranchements élevés en 1799 par l'armée française pour protéger de ce côté la ville contre les Anglais.

Au delà, la nouvelle route, bien macadamisée au moyen de fragments de poteries antiques, ornée de fontaines de 100 en 100 pas, descend en pente douce au milieu de plantations de figuiers.

Corps de garde à la bifurcation du chemin qui contourne, à l'ouest, le lac Khadra.

La route rencontre ensuite quelques solitudes sablonneuses ; puis atteint le bouquet de palmier de Bapos, c'est-à-dire le bazar, centre commerçant de Ramleh.

Agglomération de maisons de campagne, lieux de repos des riches propriétaires d'Alexandrie. Dans les intervalles se dressent des tentes de Bédouins et des campements nomades.

De Ramleh au Maddich, il existe deux routes : l'une directe, 7 heures de marche ; l'autre, qui suit le littoral par Aboukir et Canope.

| DISTANCES | | POINTS |
entre chaque point.	TOTALES.	REMARQUABLES.
kilom.	kilom.	
30	5½	Rosette...................
		4. — DE ROSETTE

RENSEIGNEMENTS.

Au delà du Maddieh, on suit le cordon littoral qui sépare la mer des lacs Maddieh et d'Edcko.

Depuis Aboukir la rade est défendue par de nombreux forts espacés de 1200 en 1200 mètres, construits avec des débris de ruines antiques.

Près du 4ᵉ fort, à partir du Maddieh, on trouve un réservoir rempli d'eau fraîche, ressource précieuse dans ces solitudes. Une petite mosquée s'élève tout près.

Sur la droite, on aperçoit, au-dessus des dunes, le minaret de la principale mosquée d'Edkou, ville arabe enfoncée dans les sables.

On continue à suivre le littoral vers le nord jusqu'à ce qu'on rencontre la voie qui conduit à Rosette dans la direction du sud-est et que marquent çà et là de petits monuments modernes en briques, hauts de 3ᵐ,50, récrépis à la chaux, et au nombre de 6. Le sixième offre une citerne et un peu d'eau.

Bâtie à 5 kilom. de la mer. — 14,000 habitants. — Remparts sans valeur défensive contre l'artillerie moderne; ils mettent tout au plus la ville à l'abri d'une attaque des Bédouins.

Malgré sa décadence, Rosette est encore le centre d'un commerce important. C'est le grand entrepôt de riz de l'Égypte. De vastes usines le préparent, l'épurent, le décortiquent. Les bazars sont bien garnis et bien achalandés.

A 3 kilom. au nord de la ville, fort Saint-Jullien, sur le Nil.

À DAMIETTE (130 kilom.).

Le voyage de Rosette à Damiette est encore plus pénible que celui d'Alexandrie à Rosette. Après avoir franchi la branche de Rosette, en face de la ville, on se dirige d'abord au nord, pour contourner les terrains inondés; puis, vers l'est, en longeant la bande littorale comprise entre la mer et le lac de Bourlos.

Il est indispensable d'avoir un guide sûr.

Plusieurs forts s'élèvent le long de la côte.

| DISTANCES | | POINTS |
entre chaque point.	TOTALES.	REMARQUABLES.
kilom.	kilom.	
50	«	**El Bourq**............................. Bourlos.
40	90	**El Achitoun** ....
30	120	Branche de Damiette. ....
8	128	**Damiette** ....

5. — DE DAMIETTE A

RENSEIGNEMENTS.

A 50 kilom. de Rosette, le cordon littoral est rompu par une coupure qu'il faut franchir en barque. Après avoir dépassé le cap Bourlos (ras Bourlos), marqué par quelques dunes, on incline un peu au sud-est, laissant à gauche le phare de Bourlos et à droite quelques centres de populations, Mardeh, El Hamed, Chahabié, El Aïach.

Nouvelle coupure correspondante à un canal (Tarahtel Achitoun) que les embarcations de 10 à 15 tonneaux peuvent parcourir pendant les crues du Nil.

Le littoral est semé de nombreuses tours rondes et de forts. Quand on a atteint l'embouchure de la branche de Damiette, on gagne la ville soit en remontant la rive du fleuve, soit en barque.

Damiette, 29,000 habitants. — Située sur la rive droite du fleuve, à 8 kilom. de la mer. S'étend en forme de croissant sur la langue de terre qui sépare le Nil du lac Menzaleh. — Second port de l'Égypte.

PORT-SAÏD (Environ 60 kilom.).

Entre Damiette et Port-Saïd s'étend le lac Menzaleh, séparé de la mer par une étroite langue de terre de 100 à 150 mètres de large. Celle-ci est coupée en deux endroits par des passages resserrés (Boghaz) nommés *Dibeh* et *Gemileh*. Ce dernier est à 14 kilom. de Port-Saïd.

Par les mauvais temps, les hautes eaux recouvrent parfois le cordon littoral qui sépare le lac Menzabeh de la mer; aussi ce chemin ne peut-il être suivi qu'à certaines époques de l'année.

On se rend généralement de Damiette à Port-Saïd en bateau à travers le lac.

La distance entre ces deux points est d'environ 60 kilomètres.

| DISTANCES | | POINTS REMARQUABLES. |
| entre chaque point. | TOTALES. | |
kilom.	kilom.	
		6. — DU CAIRE
31	»	Le Caire.
		Saqqarah..........................
9	40	**Dachour**..........................
2	42	**Zawé**..........................
3	45	**Hamaïed**..........................
8	53	**Tahmeh**..........................
24	75	**Tamieh**..........................
		7. — DE KÉNÈH

RENSEIGNEMENTS.

A TAMIEH.

On passe par Gizèh pour gagner Saqqarah, en longeant la limite des terres cultivées et du désert.

De Saqqarah à Dachour on suit le pied de la chaîne libyque qui baigne le Bahr Yousouf ou canal de Joseph. On traverse des bois de palmiers très rapprochés les uns des autres.

Après Dachour, on traverse successivement une série de canaux et de mares.

»   »

»   »

A Tahmeh, on quitte la vallée du Nil pour entrer dans une ouverture de la chaîne libyque dont la direction est au sud-est. C'est une forte journée dans un désert, au milieu de sables mouvants.

Après avoir escaladé quelques mouvements de terrain assez accidentés, on se trouve en présence d'un grand ravin, véritable précipice ayant plus de 100 mètres de largeur. Ce canal naturel, qu'alimentent les eaux du Bahr-Yousouf, va aboutir plus loin à l'extrémité nord-est du Birket el Kéroun.

Signalée de loin par deux maigres palmiers et bâtie sur la berge sud du ravin. La ville a l'aspect d'une forteresse. Le pays est très giboyeux.

A KOSSÉÏR.

Les routes qui vont du Nil à divers points de la mer Rouge à travers le désert arabique ne sont aujourd'hui suivies que par de rares caravanes. Les Arabes connaissent plusieurs routes de Kénèh

5.

| DISTANCES. | | POINTS |
entre chaque point.	TOTALES.	REMARQUABLES.
kilom.	kilom.	
19		Bir Amber........................
35	54	Bir el Eghaïta...................
62	116	Premiers puits..................
4	120	Seconds puits...................
6	126	Puits de Moaïleh................
48	174	El Baïda........................
8	182	El Ambaghi.....................
10	192	Kosséïr........................

RENSEIGNEMENTS.

à Kosséïr. Ce sont des déviations d'une seule et même ligne qui divergent et se rejoignent à différents points, plutôt que des routes différentes. On en compte deux principales : la route de *Moaïleh* et la route de *Derb er Ressafa*. Leur longueur ne diffère pas sensiblement (de 43 à 44 heures).

1°. — Par Moaïleh.

»

Point de jonction de la route de Thèbes à Kosséïr.
C'est aussi à El Eghaïta que la route dite de Ressafa se sépare de celle de Moaïleh.

L'eau de ces différents puits est bonne.

Près d'El Baïda est un puits appelé par les Arabes *Bir Ingliz*, puits de l'Anglais. C'est à Baïda que la route de Ressafa rejoint celle de Moaïleh.

Mauvaise eau.

Située au fond d'une anse, dominée par un petit fort armé de quelques mauvais canons sans affûts. L'entrée du port est protégée par un banc de corail.— 1,200 habitants.— Le plus grand obstacle à la prospérité de Kosséïr est le manque d'eau potable.
L'eau de pluie que l'on conserve dans les citernes se corrompt vite. En été, la ville est approvisionnée d'une eau saumâtre que les Bédouins apportent des montagnes d'*Abou Tiour* et *Abou Soubaa*, éloignées d'une journée de marche.

| DISTANCES | | POINTS |
entre chaque point.	TOTALES.	REMARQUABLES.
kilom.	kilom.	
54		El Eghaïta......................
40	94	Bir el Hammâmat................
53	147	Moïet Hadji-Souleïman ....
24	171	El Baïda........................
18	189	Kosséïr ....

RENSEIGNEMENTS.

2° Par Derb er Ressafa.

De Kénèh à El Eghaïta, voir l'itinéraire ci-dessus.

A El Eghaïta, la route se détache de la précédente pour prendre plus au sud.

Puits.

Puits.

Où l'on rejoint la route précédente.

(Voir ci-dessus).

ITINÉRAIRES

VOIES NAVIGABLES

| DISTANCES | | POINTS |
entre chaque point.	TOTALES.	REMARQUABLES.
kilom.	kilom.	

1. — D'ALEXANDRIE AU CAIRE

»	»	Alexandrie...........................
»	»	El Rachad ....

2. — D'ALEXANDRIE AU CAIRE PAR LE

Distance

»	»	Alexandrie...........................
»	»	El Seed.............................
25	25	El Beda.............................
9	34	Nechou.............................

PA
I
F
I
(voi
D
par

CAN
301 1
D
selo
42 h
L
Le
est s
Be
En
pour
Pe
tance
Beda.
An
s'éten

RENSEIGNEMENTS.

PAR L'OUADY NATROUM.

Lieu d'embarquement pour faire la traversée par le lac Maréotis.

Point d'attérissage situé au sud sur le bord du lac.
D'El Rachad aux lacs Natroum et des lacs Natroum à Terraneh (voie de terre) itinéraire.
De Terraneh au Caire, voir l'itinéraire d'Alexandrie au Caire, par le canal Mahmoudieh et le Nil.

CANAL MAHMOUDIEH ET LE NIL.

301 kilomètres.

Durée du trajet : pour les barques du pays 3 jours 1/2 à 5 jours, selon le vent; avec les bateaux à vapeur, c'est une navigation de 42 heures.
La longueur du canal est de 78 kilom., largeur 30 mètres.

Le canal aboutit à la mer dans le port d'Alexandrie, et son entrée est située à l'ouest de l'enceinte arabe.
Berges élevées de 2 mètres à 5 mètres.

En 1799, les Anglais ont rompu les digues du canal à El Seed pour faire envahir le lac Maréotis par les eaux de la mer.

Petit village. — Le canal suit les bords du lac Maréotis à la distance d'un kilom. et longe le chemin de fer jusqu'au delà d'El Beda.

Ancienne schedia à peu de distance sur la rive gauche. — Ruines s'étendant sur un espace de plus d'un kilom.

DISTANCES		POINTS
entre chaque point.	TOTALES.	REMARQUABLES.
kilom.	kilom.	
5	39	**Kérioum**.............................
12	51	**Kéroué**.............................
9	60	**Zarvé el Gazal**....................
16	76	**Afteh**.............................

3. — D'AFTEH

Distance :

7	83	**Fouah**.............................
13	96	**Dessouk**...........................
6	102	**Ramanieh**..........................
11	113	**Chebreket** ....

RENSEIGNEMENTS.

A gauche du canal, verrerie et poterie. En cet endroit le canal s'élargit.

A droite. Bâtie sur la route qui longe le canal. Dans la plaine, quelques ruines.

De Kéroué à Zarvé el Gazal le canal et la route se dirigent au sud-est. A Zarvé el Gazal la route se sépare du canal pour aller à Damanhour et le Mahmoudieh tourne au nord-est après avoir dépassé l'embouchure du canal Abou-Dibad qui conduit à Damanhour (distance 8 kilom.).

Pont déversoir. — Le canal parcourt une plaine basse qui se remplit d'eau et sert à alimenter le canal.

Misérable village construit à la prise du canal Mahmoudieh sur la branche de Rosette.

En hiver et en automne, abondance de gibier d'eau.

AU CAIRE.

225 kilomètres.

Sur la rive droite du Nil ; petite ville assez industrieuse. — Fabriques de tarbouchs. — Nombreux minarets.

Rive droite. — But d'un pèlerinage annuel des musulmans, en l'honneur de Cheïk-Ibrahim. — Tête de ligne d'un chemin de fer allant soit sur Tantah, soit sur Zifta ou sur Mandourah.

Rive gauche. — Un peu au nord de cette ville, prend naissance le canal de Damanhour. — Ruines à 1 kilom. au nord de la ville. — Les Français y avaient établi un poste fortifié.

Avant d'arriver à Chebreket, on rencontre sur la rive droite une branche du Nil qui se réunit au Bahr-Menaïffeh.

| DISTANCES | | POINTS | |
entre chaque point.	TOTALES.	REMARQUABLES.	
kilom.	kilom.		
8	121	**Sâ el Haggar**...............................	S — moi de 1 des
4	125	**Kodabeh**..........................	Si quei l'on
4	129	**Nikleh**........................	A] sud
9	133	**Daharieh**........................	Aı l'est.
13	151	**Kafr el Zaïat**........................	Vi Ap puis
20	171	**Negileh**........................	Vil Abou
15	186	**Teirieh**........................	Siti
17	203	**Nadir**........................	Suı bouch unissa
19	222	**Terraneh**........................	Rivı troum Nombı à l'ou Entı

RENSEIGNEMENTS.

Sur la rive droite, à 2 kilom. du Nil. — Au nord, ruines de Saïs. — Au nord des ruines, un lac de forme allongée, à sec depuis le mois de mai jusqu'au moment de l'inondation. — Rives couvertes de roseaux où se trouvent en abondance des canards sauvages et des oiseaux d'eau.

Si le Nil est bas, on doit, pour ne pas perdre de temps, débarquer à Sâ el Haggar, et envoyer les embarcations à Kodabeh où l'on se rembarquera.

Après Nikleh on contourne une île allongée, dont l'extrémité sud est en face de Daharieh.

Au sud de Daharieh (rive gauche), le Nil ferme un coude vers l'est. Pont du chemin de fer d'Alexandrie au Caire.

Village et station principale. — Buffet.

Après Kafr el Zaïat le Nil fait un coude du nord-est au sud-ouest, puis une sorte d'S autour de trois îlots.

Village sans importance. Près de Negileh se trouve le canal Abou Dibah qui se dirige vers Damanhour.

Situé à l'origine de l'ancien canal Mariout.

Sur la rive droite, au sommet d'un vaste coude vers l'est. Débouché d'une ancienne branche du Nil nommée pharaonique, qui unissait le Nil de Rosette au Nil de Damiette.

Rive gauche; point de départ de la route qui mène aux lacs Natroum. — Grand village florissant. — Commerce de natron. — Nombreuses ruines. — Le Nil fait ensuite un coude à l'est, puis un à l'ouest.

Entre Abou Nichabi et Beni Salameh se trouve l'embouchure du

| DISTANCES | | POINTS |
entre chaque point.	TOTALES.	REMARQUABLES.
kilom.	kilom.	
44	266	**Omm el Dinar**...............
8	274	**Le Barrage**..................
20	294	**Choubrah**....................
		Embabeh....................
7	301	**Boulaq**......................
		Le Caire....................

4. — DE ROSETTE AU

Distance : 292,5 kilomètres. — Le voyage de Rosette

		Rosette......................

RENSEIGNEMENTS.

canal ouvert par Méhémet-Ali et conduisant les eaux du Nil jusqu'à Alexandrie. Son parcours est de 120 kilom. environ.

Un peu plus loin, à Abou Ghaleb, on aperçoit les pyramides, qui restent en vue jusqu'au Caire.

On les laisse sur la gauche, pour arriver à l'île de Chalagané, entre les deux branches de Damiette et de Rosette. A l'extrémité sud de cette île, que l'on nomme Ventre de la Vache, se trouve établi :

Pont immense avec tours massives et grandes arches. — Écluse. — A la naissance du Delta, un banc de roches fait obstacle au cours du Nil et le force à se diviser en deux branches. Au delà du passage, le Nil est semé de vastes îles et décrit une double sinuosité.

Palais d'où l'on aperçoit les minarets du Caire. On peut mettre pied à terre et entrer par une longue et belle avenue.

Sur la rive gauche, où se livra la bataille des Pyramides.

Sur la rive droite. — Entre Choubrah et Boulaq, palais et maisons de campagne.
Boulaq est le port du Caire.

De Boulaq on gagne le Caire en 15 minutes, par une route qui débouche sur la place de l'Ezbékyeh.

AU CAIRE.

Caire demande de 3 à 4 jours, suivant le vent.

Bâtie à 5 kilom. de la mer. — 14,000 habitants. — Entourée de remparts qui ne tiendraient pas contre l'artillerie moderne. — Pas d'hôtels ni d'auberges. — Grand entrepôt de riz de l'Égypte.

DISTANCES		POINTS
entre chaque point.	TOTALES.	REMARQUABLES.
kilom.	kilom.	
15,5	15,5	Bermibal........................
6,5	22	Metoubis.......................
9	31	Chindioun......................
		Deïrout........................
6,5	37,5	Afteh.........................

5. — DE DAMIETTE

Distance

»	»	Damiette.......................
19	19	Faresqor.......................
39	55	Chirbin........................
35	90	Mansourah......................

RENSEIGNEMENTS.

— Usines à décortiquer. — Bazars bien fournis d'articles d'Europe.
— Beaux jardins.

Sur la rive droite.

Sur la rive droite.

Sur la rive droite.

Sur la rive gauche en face de Chindioun.

Sur la rive gauche. — Embouchure du canal Mahmoudieh.
D'Afteh au Caire, voir l'itinéraire d'Alexandrie au Caire par le canal Mahmoudieh et le Nil.

AU CAIRE.

262 kilomètres.

Ville de 29,000 habitants, située sur la rive droite du Nil à environ 12 kilom. de la mer.
Maisons élevées. — Grandes et belles mosquées. — Riches campagnes.

Petite ville située sur la rive droite dans une bande de terre bien cultivée.

Rive gauche. — Le Nil se dirige au sud-ouest et décrit de nombreux lacets.

Sur la rive droite. — Embranchement de chemins de fer sur Zagazig, le Caire, Suez.
Ville de 16,000 habitants. — Manufactures de toiles, crêpes, étoffes de coton et de lin.
Le Nil tourne à l'ouest et reprend ensuite sa direction vers le sud.

DISTANCES		POINTS
entre chaque point.	TOTALES.	REMARQUABLES.
kilom.	kilom.	
19	109	Samanhoud ....
38	147	Zifteh et Mit Ghamr............
10	157	Sahragt.....................
16	173	Mit Bereh....................
12	185	Benhâ'l Assal.................
32	217	Berchoum....................
19	236	Le Barrage...................
26	262	Boulaq......................

6. — DE PORT-SAÏD AU

76	76	Port-Saïd. — Ismaïlia ....

RENSEIGNEMENTS.

Ville d'une certaine importance sur la rive gauche, avec des bazars bien approvisionnés. — Fabrique de poterie estimée.

Ces deux villes sont situées en face l'une de l'autre, sur les rives du fleuve. Zifteh est reliée par une voie ferrée à Tantah sur la ligne d'Alexandrie au Caire.
Entre Samanhoud et Mit Ghamr, on trouve Abousir et Mit Damsit, situées toutes deux sur la rive droite.

Rive droite. — De Mit Ghamr à Sahragt, le fleuve coule au sud, puis il fait un coude brusque vers l'ouest.

Rive gauche.

Sur la rive droite. — Station importante du chemin de fer pour Alexandrie, le Caire et Zagazig.
Exportation de miel, oranges, mandarines.
Ruines d'Athribis.

Rive droite. — De Benhâ'l Assal à Berchoum, le fleuve fait de nombreux coudes et forme l'île de Tantah. Un peu au-dessous de cette ville prend naissance le canal de Menouf qui se dirige au nord-ouest vers la ville de ce nom. — Un grand nombre de canaux prennent aussi naissance dans cette partie du cours de la branche de Damiette.

Voir l'itinéraire d'Alexandrie au Caire par le canal Mahmoudieh et le Nil.

Idem.

CAIRE PAR ISMAÏLIA.

Voir l'itinéraire de Port-Saïd à Suez par le canal maritime.

| DISTANCES | | POINTS |
entre chaque point.	TOTALES.	REMARQUABLES.
kilom.	kilom.	
64	140	**Abassieh**..........................
20	160	**Belbeïs**..........................
52	212	**Boulaq**..........................

7. — DE SUEZ AU

		Suez..........................
16	16	**Chalouf et Terraba**..........................
62	78	**Serapéum**..........................
15	93	**Nefiche**..........................
52	145	**Abassieh**..........................
20	165	**Belbeïs**..........................
52	217	**Boulaq**..........................

RENSEIGNEMENTS.

D'Ismaïlia, on peut se rendre au Caire par le canal d'eau douce. Celui-ci commence au lac Timsah, près du chalet du khédive, et passe par Ras el Ouady et Belbeïs.

Il longe presque continuellement le chemin de fer d'Ismaïlia à Zagazig.

A Tell el Kebir, il se divise en deux branches dont l'une, celle du sud-ouest, s'alimente directement au Caire (elle a sa prise d'eau en face de Boulaq), et l'autre, celle de l'ouest, reçoit l'eau de la branche du Nil qui passe à Zagazig.

A partir d'Abassieh, le canal se dirige au sud-ouest vers Belbeïs.

Il continue dans cette direction jusqu'à Boulaq, où il atteint le Nil.

CAIRE PAR ISMAÏLIA.

On peut se rendre de Suez au Caire par le canal d'eau douce. La première écluse du canal se trouve à environ 1 kilom. au nord de la ville.

De Suez à Ismaïlia, le canal s'éloigne fort peu du chemin de fer, dont il suit les sinuosités.

Le canal qui jusqu'à Chalouf a suivi de près le canal maritime, s'en éloigne pour contourner à l'ouest les rives des lacs Amers.

Une branche de service fait communiquer le canal d'eau douce avec le canal maritime.

A Néfiche se trouve la bifurcation du canal d'eau douce vers Ismaïlia (4 kilom.).

Voir l'itinéraire précédent.

    Id.

    Id.

DISTANCES.		POINTS
entre chaque point.	TOTALES.	REMARQUABLES.
kilom.	kilom.	

8. — DE PORT-

Distance : 160 kilomètres. — Largeur du canal : 100 mètres

»	»	Port-Saïd.........................
14	14	Ras el Ech......................
30	44	Kantara........................
	»	Lac Ballah......................
19	63	El Fardane......................
13	76	Chalet du khédive...............
»	»	Lac Timsah.....................
»	»	Ismaïlia........................

RENSEIGNEMENTS.

SAÏD A SUEZ.

au niveau, 22 mètres au plafond — Profondeur : 8 à 9 mètres.

Ville de 10,000 habitants. — Avant-port formé par 2 jetées. — Port composé de 4 bassins. — Phare remarquable. — La ville présente toutes les ressources des villes européennes. — A l'ouest de Port-Saïd, ville arabe.

Premier garage du canal.

Passage des caravanes allant de Syrie en Égypte.
Campement de chameaux et de moutons.
Abreuvoirs.

N'est pas navigable ; on le traverse dans un chenal.

Le sol se relève pour former le seuil d'El Gisr. Le canal est formé par une tranchée de 20 mètres de profondeur. La tranchée d'El Gisr a 20 kilom. de longueur.

A droite est le canal de service qui relie le canal d'eau douce au canal maritime. On pénètre :

Ensuite dans le lac Timsah sur lequel se trouve bâtie la ville d'Ismaïlia, à 7 kilom. environ.
Les bâtiments peuvent mouiller dans le lac Timsah, à côté d'Ismaïlia, en dehors du chenal.

Ville d'environ 3,000 habitants, d'une certaine importance, qui cependant est inférieure aux espérances fondées au moment du percement de l'isthme ; habitée principalement par les employés de l'administration du canal. — Machines puissantes pour envoyer l'eau douce à Port-Saïd au moyen de tuyaux placés sur la berge du canal maritime.

| DISTANCES | | POINTS |
entre chaque point.	TOTALES.	REMARQUABLES.
kilom.	kilom.	
14	90	Serapéum................................
10	100	Lacs Amers...........................
15	115	Phare des petits lacs Amers........
20	135	....
6	141	Chalouf el Terraba ....
19	161	Suez...............................
		9. — DE DAMIETTE A PORT-
»	»	El Nedi............................
50	50	Port-Saïd...........................

RENSEIGNEMENTS.

A droite, débouché d'un petit canal de service reliant le canal maritime au canal d'eau douce allant à Suez.

Le canal débouche dans les lacs Amers et se dirige entre des balises jusqu'à un phare. De là, jusqu'à un autre phare placé à l'entrée des petits lacs Amers, on peut naviguer en route libre.

Une gare est ménagée au sud-est du phare.

Sortie des lacs. — Une gare est encore ménagée en ce point.

Gare et station du chemin de fer de Suez.

Le canal débouche dans la mer Rouge, laissant Suez sur la droite, à 3 kilom. environ. Un petit canal fait communiquer le canal maritime avec la ville. Un chemin de fer permet aussi de se rendre de Suez aux bassins construits à l'extrémité d'un terre-plein. — Suez est une ville de 15,000 habitants. — Port excellent. Le canal d'eau douce vient déboucher par une écluse dans la mer Rouge, à peu de distance au nord de Suez.

SAÏD PAR LE LAC MENZALEH.

Point d'embarquement situé à 3 kil. environ dans le sud-est de Damiette. — Le lac, d'une profondeur peu considérable, même pendant l'inondation, est parsemé de nombreuses îles.

Après une traversée variable selon le vent, et qui peut être estimée à 7 ou 8 heures, on arrive à Port-Saïd, dans le lac Menzaleh, où se trouve un petit port, dit Port des Barques, éclairé par un phare dont la cage en bois est édifiée sur pilotis. On ne peut faire ce voyage que dans des barques de faible tirant d'eau, pouvant, par suite, porter fort peu de monde.

6.

| DISTANCES | | POINTS |
| entre chaque point | TOTALES. | RRMARQUABLES. |
kilom.	kilom.	
		10, — D'ALEXANDRIE A SUEZ
»	»	**Alexandrie**.................................
181	151	**Kafr el Zaïat**...... ....
»	»	**Benhâ'l Assal** ....
»	»	**Bahr Moezz**......................
40	»	**Zagazig**..........................
16	56	**Abassieh**.........................
52	108	**Nefiche**..........................
93	201	**Suez**............................
		11. — DU CAIRE A

RENSEIGNEMENTS.

PAR TANTAH ET ZAGAZIG.

On se rend d'Alexandrie à Kafr el Zaïat par le canal Mahmoudieh, jusqu'à Afteh, et ensuite par le Nil, d'Afteh à Kafr el Zaïat.

De Kafr el Zaïat à Tantah et Benhâ'l Assal, par chemin de fer.

On quitte le chemin de fer à Benhâ'l Assal, et on prend le Nil (branche de Damiette) jusqu'à l'embouchure du Bahr Moezz, qui se trouve un peu au nord de cette ville, à environ 3 kil. à droite.

Canal conduisant à Zagazig et longeant presque continuellement le chemin de fer.

A Zagazig, on quitte le Bahr Moezz pour entrer dans le canal de l'Ouady, qui rejoint le canal d'eau douce du Caire à Suez à Abassieh.

Jonction des deux canaux.

Voir itinéraire de Suez au Caire, par Ismaïlia.

Idem.

ASSOUAN PAR LE NIL.

Le voyage peut se faire, soit sur une barque, soit en bateau à vapeur.

Il existe un service régulier de quinzaine entre le Caire et Assouan, depuis les premiers jours de décembre jusqu'aux premiers jours de mars.

Les bateaux qui font le service peuvent porter de 25 à 30 personnes. — Durée du trajet, 20 jours, aller et retour.

DISTANCES		POINTS
entre chaque point.	TOTALES.	REMARQUABLES.
kilom.	kilom.	
»	»	Boulaq...............................
2	»	Attar en Nebi.....................
14	16	Torah..............................
4	20	Mâsarah...........................
4	24	Bedrecheïn.......................
10	34	Masghoun........................
17	51	El Mekandèh......................
5	56	Matanièh.........................
23	79	Atfièh...........................
8	87	El Ouasta........................

RENSEIGNEMENTS.

Point d'embarquement. — On remonte le fleuve en laissant l'île de Gezirèh à droite. On passe ensuite entre le vieux Caire (rive droite) et le village de Gizèh (rive gauche).

Mosquée pittoresque sur la rive droite.

Sur la rive droite. — Mur coupant la plaine et s'arrêtant non loin d'un fort élevé sur la hauteur, à 2 kil. au nord. Ruines d'un ancien couvent.

Rive droite. — Carrières de pierre fort anciennes, qui sont encore exploitées pour les constructions du Caire. Chemin de fer d'exploitation.

Station de chemin de fer sur la rive gauche. — Vis-à-vis on aperçoit Helouan. A 3 kilom. à l'est d'Helouan, sources d'eaux sulfureuses thermales avec établissement de bains. La température de ces eaux est de 30° centigrades. Un chemin de fer relie Helouan au Caire (3 départs par jour, aller et retour).

Point de départ pour les Pyramides de Dachour, situées à 6 kil. dans l'intérieur.

A 1 kilom. à l'ouest de Masghoun, petit village d'El Kafr où débouche le chemin de caravane qui mène au Fayoum. — Blés, palmiers, sycomores.

Rive gauche. — Acacias épineux. — A 6 kilom. à l'ouest, Tahmèh, autre point de départ pour le Fayoum.

Traces d'un ancien bras du Nil qui se dirigeait au nord-ouest.

Rive droite, à environ 5 heures de Matangyèh. — De cette ville on aperçoit, pour la dernière fois, la citadelle du Caire et les grands minarets de la mosquée de Méhémet-Ali.

Rive gauche. — Station du chemin de fer du Caire et embranchement pour le Fayoum. — Joli village.

| DISTANCES | | POINTS |
entre chaque point.	TOTALES.	RRMARQUABLES
kilom.	kilom.	
2	89	Zaouyèt el Masloub.............................
5	94	Meïmoun...........................
5	99	Echment...........................
4	103	Zeïtoun...........................
15	118	Béni Souèf...........................
9	127	Barangah...........................
7	134	Bibbèh...........................
17	151	Fechn...........................
22	173	Maghâgha...........................
26	199	Abou Girgèh...........................
6	205	El Kaïs...........................
20	225	Kolo-Sana...........................

RENSEIGNEMENTS.

Rive gauche. — Au-dessus de Zaouyèt, un canal part du Nil et rejoint, au nord-ouest, le Bahr Yousouf.

Rive gauche. — Couvent copte de Saint-Antoine situé en face, sur la rive droite.

Village sur la rive gauche, ombragé de beaux palmiers. Ile de 3 kilom. de longueur.

Rive gauche. — Dans le voisinage est la ville assez importante de Bouch.

Station du chemin de fer du Caire. — Jolie ville de 5,000 habitants. — Beaux sycomores et palmiers, — Bureaux de télégraphe et de poste. — Marché bien approvisionné. — Manufacture de toiles et de tapis de laine. — Sur la rive droite, dans le désert, montagnes et carrières d'albâtre.

Rive gauche. — Rien d'important.

Rive gauche. — Station de chemin de fer.

Rive gauche. — Station de chemin de fer.   Chef-lieu de province.

Rive gauche. — Station de chemin de fer. — Importante sucrerie. — Culture considérable de canne à sucre.

Rive gauche. — Grande ville fellah, assise dans une riche plaine.

Sur la rive gauche.

Rive gauche. — Station de chemin de fer. — Grand village, à partir duquel le Nil fait un coude très prononcé à l'ouest, comprenant 3 îles placées de front.

| DISTANCES. | | POINTS |
entre chaque point.	TOTALES.	REMARQUABLES.
kilom.	kilom.	
11	236	**Samaloud** ....
10	246	**Tehnèh** ....
8	254	**Minièh** ....
23	277	**Béni Hassan** ....
10	287	**Saquet Mouçah** ....
10	297	**Roda** ....
8	303	**Raramôn** ....
11	316	**Hadji-Kandil** ....

RENSEIGNEMENTS.

Rive gauche. — Ville insignifiante. — En remontant le fleuve, on trouve la montagne djebel el Taïr sur laquelle est le couvent de Deïr el Adra.

Rive droite. — Petit village placé sur la bande qui sépare le djebel el Taïr du Nil. — Carrières égyptiennes.

Rive gauche. — Station de chemin de fer. — Ville de 20,000 habitants. Capitale de la province de même nom et résidence du moudir. — Marché le dimanche. — Bureau de poste et télégraphe, — Sucrerie.
Palais du khédive au nord de la ville.

Petit village sur la rive droite, situé à l'extrémité sud d'un beau bois de palmiers. — Habitants portés au vol. — Célèbres antiquités.

Rive gauche. — Point de séparation de la moyenne et de la haute Égypte.

Rive gauche. — Station de chemin de fer. — Joli village entouré de palmiers. — Nombreuses fabriques. — Sucrerie. — Palais du khédive. — Sur la rive opposée on trouve Antinoë, avec de nombreuses ruines.

Bourg sur la rive gauche, possédant des raffineries de sucre. — A 30 minutes de ce bourg, dans l'intérieur, vers le sud-ouest, est la ville de Mellaveh el Arich, chef-lieu de province, où se tient un marché le dimanche.

Petit village sur la rive droite, près du tumulus de Tell el Amarna. — A 4 heures au-dessus de Tell el Amarna, on laisse à droite la prise d'eau principale du Bahr Yousouf, consolidée par des travaux d'art. Au-dessus de Tell el Amarna le fleuve décrit un coude à l'ouest. Des coups de vent sont fréquents dans ces parages et rendent la navigation difficile.

| DISTANCES. | | POINTS |
entre chaque point.	TOTALES.	REMARQUABLES.
kilom.	kilom.	
16	332	Mâsarah,
6	338	Qossièh
4	342	Bené Zeit,
6	348	Bené Qorra
16	364	Manfalout
11	375	El Goualèh
32	407	Syout

RENSEIGNEMENTS.

Rive gauche. On voit un couvent sur la rive opposée.

Village situé à environ 6 kilomètres du Nil.

Rive gauche.

Station de chemin de fer. — Le Nil est fort élargi et divise ses eaux autour de 2 îles parallèles.

Sur la rive gauche. — Marché le dimanche. — Bazar et bains publics.
Entre Manfalout et Syout, le Nil décrit plusieurs courbes considérables. Le trajet par eau est de 42 kilom., tandis que par terre il est d'un tiers plus court. — A partir de Manfalout, le fleuve coule entre deux déserts.

Rive gauche. — Les bois de palmiers réparaissent avec les champs cultivés.
Toute la lisière du fleuve est bien cultivée et peuplée de nombreux villages.

Station obligée pour le renouvellement du charbon. — On débarque au port d'El Hamrah, d'où l'on gagne la ville de Syout par une belle chaussée de 3 kilom. de long. — Magnifiques terres cultivées qui, dans les grandes inondations, se transforment en un vaste lac.
Très jolie ville de 27,000 habitants. — Bureau télégraphique et agent consulaire américain.
Bazars bien fournis de marchandises du Soudan, les plus riches de l'Égypte après ceux du Caire. — Poteries. — Teintureries d'indigo. — Coton. — Opium. — Ouvriers travaillant l'ivoire, les plumes d'autruche, la poudre d'or. Quelques maisons en pierres bien bâties, le reste est formé de constructions en terre.
Le chemin de fer finit à Syout.

| DISTANCES | | POINTS |
entre chaque point.	TOTALES.	REMARQUABLES.
kilom.	kilom.	
26	433	**Aboutig** . . . .
9	442	**Selfèh** . . . .
10	452	**Gaou el Kebir** . . . .
11	463	**Mechtèh** . . . .
12	475	**Tahtah** . . . .
41	516	**Souhag** . . . .
10	526	**Akhmin** . . . .
9	535	**Menchyèh** . . . .
20	555	**Girgèh** . . . .

RENSEIGNEMENTS.

Rive gauche. — Entre Syout et Aboutig, on laisse sur la rive gauche Neslet Chetoub, Echarabièh au-dessus duquel des prises d'eau conduisent l'eau du Nil au Souhagièh ; puis, sur la rive droite, El Gorabièh et El Natafèh.

Rive gauche. — Bourg, et dans l'intérieur, à 1 heure de distance, la petite ville de Doueïr.

Le Nil court au sud-est, jusqu'au gros village de Gaou el Kebir, sur la rive droite.

Rive gauche. — A partir de Gaou el Kebir, le fleuve décrit un coude à l'ouest, et en face du village s'étend une grande île. — Un canal conduit les eaux du Nil dans le Souhagièh. Toute la plaine est couverte de villages.

Rive gauche. — Ville d'une certaine importance, chef-lieu de province, à 30 minutes de la rivière. Le lieu de débarquement se nomme Sahel.
On trouve Fahou sur la rive droite et sur la rive gauche Maraga, Diha et le gros village de Chindaouin. Le Nil décrit de grands circuits de l'est à l'ouest.

Rive gauche. — Dépôt de charbon. — Petite ville assez bien bâtie. — C'est à Souhag que se détache du Nil le Bahr Souhagièh qui va au nord et est le véritable point de départ du Bahr Yousouf.

Rive droite. — Ville assez importante. — Bazar. — Marché le mercredi. — Au nord-est d'Akhmin s'ouvre une gorge où passe une grande route qui conduit à Kosséïr.

Rive droite.

Rive gauche. — Etait avant Syout la capitale de la haute Égypte ;

| DISTANCES | | POINTS |
entre chaque point.	TOTALES.	REMARQUABLES.
kilom.	kilom.	
12	567	**Bĕlliañéh**.....................
30	597	**Farchout**.....................
15	612	**Hâou**.....................
21	633	**Dehechnèh**.....................
25	658	**Kénèh**.....................

elle est aujourd'hui chef-lieu de la province. — Place importante. — Bazars bien fournis. — La province est bien cultivée et couverte de bouquets d'arbres et de palmiers autour des villages.

C'est de Girgeh qu'on se rend aux ruines d'Abydos.

A partir de Girgeh le fleuve prend une direction générale à l'est qu'il garde jusqu'à Kénèh. De nombreuses îles et des bancs de sable parsèment son lit.

Rive gauche dans l'intérieur. — Grande sucrerie. — Au delà de Farchout on rencontre la grande île de Kasr el Saïad avec une belle végétation.

Aujourd'hui petit village avec de nombreux vestiges antiques. — On laisse sur la rive gauche les villages de Kasr-Racièh, El Abadièh, Nabqah, El Marach sur les bords même du fleuve.

Rive droite. — Un peu plus haut El Safahièh, aussi sur la rive droite. — En face, sur la rive gauche, prend naissance le canal de Reïennan.

On rencontre l'île de Tabenné couverte de palmiers. — On voit de ce point du fleuve les ruines de Dendérah et la ville de Kénèh, dont on n'est éloigné que d'une heure.

Dendérah se trouve en face de Kénèh sur la rive gauche du Nil.

Kénèh est une station où l'on renouvelle le charbon. — Chef-lieu de province. — Résidence d'un moudir. — 13,000 habitants. — Marché le jeudi. — Fabrique de gargoulettes renommées. — Entrepôt du commerce entre la haute Égypte et l'Arabie, par la voie de Kosséïr.

Jolie ville bien bâtie, renommée par ses almées. — Bains et écoles arabes. — Bazars bien fournis.

Les environs sont riches et fertiles grâce au grand canal de Sanhour qui arrose toute la rive est du nord au sud.

DISTANCES		POINTS
entre chaque point.	TOTALES.	REMARQUABLES.
kilom.	kilom.	
20	678	**Koft**...
9	687	**Kous**...
44	731	**Medamout**..................................
5	736	**Thèbes**.....................................
15	751	**Erment**.....................................
16	767	**Gébéleïn**...................................
12	779	**Asfoun**.....................................
11	790	**Esnèh**......................................
29	819	**El Kab**.....................................
20	839	**Edfou**......................................
19	858	**Toum**.......................................

RENSEIGNEMENTS.

Sur la rive droite. — Ballas est situé sur la rive gauche vis-à-vis de Koft. — Près de Ballas est un village de potiers.

Rive droite ; n'a plus aucune importance.
Sanhour, sur la rive droite à petite distance de Kous. — C'est un peu au-dessus de ce village que s'ouvre une des prises d'eau du canal qui porte son nom et qui arrose toute la rive droite du Nil.

Village sur la rive droite. — On voit bientôt après les ruines de Karnak et les statues colossales de Memnon.

On débarque à Louqsor où sont aujourd'hui toutes les ressources et où se trouvent les agents consulaires. — Bureau de poste.
En quittant Thèbes, le fleuve incline vers le sud-ouest et on ne rencontre bientôt d'autre point remarquable que la prise d'eau du canal de Sanhour au nord de Kafr Melayèh sur la rive droite.

Rive gauche. — A un demi-quart d'heure du fleuve. — Les bords du Nil sont occupés par une grande sucrerie et par un quai bordé d'une allée d'arbres.

Sur la rive gauche.

Sur la rive gauche.

Place importante de la haute Égypte sur la rive droite. — Chef-lieu de province et résidence du gouverneur. — Population de 6,000 à 7,000 habitants; se livre à des travaux de manufacture. — Toiles de coton bleu, châles, poteries.

Village sur la rive droite.

Gros village sur la rive droite à 30 minutes de la rive du Nil.

Village sur la rive droite. — A 8 kilom. environ de ce dernier

DISTANCES		POINTS
entre chaque point.	TOTALES.	REMARQUABLES.
kilom.	kilom.	
22	880	Djebel Silsilèh......................
23	903	Kom-Ombo......................
42	945	Assouan......................

RENSEIGNEMENTS.

point un rocher de la rive gauche forme dans le lit du fleuve un cap avancé connu sous le nom de djebel Abou Chéghèr. — Coups de vents fréquents et dangereux.

Le fleuve est reserré entre les montagnes, distantes de 500 mètres. — Belles carrières. — Les rives n'offrent qu'un ruban de verdure, et de loin en loin quelques dattiers.

Sur la rive droite.
Le seul point où la vue rencontre encore de la verdure entre Kom-Ombo et Assouan est le petit village de Koubanieh sur la rive gauche.

Le port d'Assouan présente un aspect fort pittoresque. — Une jetée formée d'un banc de rochers le protège du côté du nord. La rive est bordée de beaux arbres : sycomores, acacias, nopals, dattiers et palmiers.
Plus au sud, une porte formée par les rochers des deux rives laisse un étroit passage au fleuve, et un peu en amont commence la cataracte.
Bazars riches en produits du Soudan. — Gomme arabique, pelleterie, étoffes, plumes d'autruches, blocs d'ébène, dents d'éléphant, etc., etc.
En face d'Assouan se trouve l'île d'Éléphantine, couverte d'une belle végétation.

ARMÉE ÉGYPTIENNE

C'est du massacre des mameluks, ordonné en 1811, par Méhémet-Ali, premier vice-roi d'Egypte, que date dans ce pays la formation d'une armée nationale.

Aidé par quelques officiers turcs, par des Français et par des Égyptiens qui avaient servi dans les armées napoléoniennes, Méhémet substitue ses nouvelles troupes à l'aristocratie guerrière, d'origine étrangère, qui agitait depuis longtemps le pays, et en 1820, après la conquête du Soudan oriental, il est en mesure de mettre en ligne 24,000 hommes d'armée régulière.

En juillet 1824, sur la demande de la Porte, alors aux prises avec l'insurrection grecque, il fait partir d'Alexandrie, sur une escadre de 163 bâtiments, 17,000 hommes et 800 chevaux, commandés par son fils Ibrahim-Pacha, qui soumet en peu de temps la Candie et la Morée.

En 1831, l'armée égyptienne, forte de 24,000 hommes et 80 bouches à feu, envahit la Syrie, sous les ordres d'Ibrahim et défait les Turcs, malgré leur supériorité numérique, dans les batailles rangées d'Hems, et de Koniah (1).

Dans ces deux rencontres, le colonel français Sèves, devenu général égyptien, sous le nom de Soleyman Pacha, et le principal auxiliaire de Méhémet-Ali dans la réorganisation militaire de l'Égypte, joua comme inspirateur et conseiller d'Ibrahim un rôle prépondérant.

En 1839, dans la sanglante journée de Nézib, où les Turcs furent complètement défaits, Ibrahim n'a pas moins de 43,000 hommes sous ses ordres.

L'armée égyptienne, renommée alors par ses victoires, atteint progressivement le chiffre de 130,000 hommes, sans compter l'armée irrégulière évaluée à 100,000 hommes. Mais les événements

---

(1) Livrées le 7 juillet et le 14 octobre 1832.

obligent bientôt Méhémet-Ali, à la réduire en 1841, à 18,000 hommes.

Sous ses successeurs, de 1849 à 1863, son œuvre ne tarde pas à péricliter. Les traditions guerrières se perdent ; l'instruction militaire est négligée et les cadres se désorganisent.

Le vice-roi Ismaïl, qui devait prendre en 1867 le titre de khédive, résolut de revenir aux traditions de son père Ibrahim et de relever l'état militaire de l'Égypte.

Entrant dans une voie de réformes, il adopta les méthodes européennes, créa des écoles militaires et poursuivit avec énergie une transformation dont il comprenait la portée.

Grâce à ses efforts, à la fin de 1863, l'armée est réorganisée et comprend :

> 8 régiments d'infanterie,
> 2   id.   de cavalerie,
> 2   id.   d'artillerie,
> 1 bataillon du génie,
> 1   id.   de pontonniers.

Le mérite de cette réorganisation revient en partie à une mission militaire française, qui avait puissamment secondé le vice-roi dans ses projets.

Les deux actes militaires les plus importants du règne de ce prince, furent l'envoi en Crète d'un corps de 25,000 hommes, destiné à secourir la Porte, et la formation d'une seconde armée expéditionnaire chargée d'opérer en Abyssinie où elle éprouva, du reste, un revers.

A cette époque les troupes égyptiennes étaient estimées, et le bataillon du Soudan égyptien, qui prit part à la campagne du Mexique, y mérita le renom d'une troupe d'élite.

Sous l'administration de Tewfick, la situation financière amena la réduction progressive des effectifs, la suspension des travaux de fortification, et la suppression de la plupart des écoles militaires.

C'est ainsi qu'en 1881, l'effectif budgétaire avait été abaissé à 11,300 hommes, et l'effectif réel à 9,000 hommes.

Cet état de choses fut l'origine d'un commencement de réorganisation, qui eut pour principaux effets l'institution, en 1881, d'une nouvelle législation militaire et le retour à l'effectif de paix de 18,000 hommes, autorisé par le firman impérial de 1841.

Une commission, dans laquelle furent admis les officiers étrangers, s'inspirant des principes adoptés en Europe, élabora un certain nombre de lois militaires ayant trait à la solde, à l'avancement, à l'état des officiers, etc. Une loi de recrutement avait été promulguée en 1880 : elle consacrait le principe du service obligatoire et personnel pour les hommes de 20 à 35 ans. Mais elle ne devait pas même recevoir un commencement d'exécution, et les appels destinés à remettre l'armée sur le pied de 18,000 hommes continuèrent à être soumis à l'arbitraire traditionnel. Toutefois, au lieu d'incorporer des recrues, on fit revenir sous les drapeaux d'anciens soldats exercés.

Le nouvel état militaire comportait une armée active de deux divisions à deux brigades, avec une armée de réserve et une armée territoriale composées, chacune, du même nombre de régiments que l'armée active. Celle-ci reconstituée devait comprendre :

8 régiments d'infanterie		⁚	12,000 h.
3 id.	de cavalerie		1,500
2 id.	d'artillerie de campagne.		1,200
3 id.	d'artillerie de côte. . . . . . . , .		2,600
4 pelotons de torpilleurs			300
1 compagnie du génie.			100

Total. . . . . . 17,700 h.

Les troupes noires chargées de l'occupation des colonies du haut Nil formaient 15 bataillons organisés comme les bataillons égyptiens, et dans lesquels tous les officiers, sans exception, étaient Égyptiens.

Quant à la troupe, l'élément égyptien pur n'y entre que dans la proportion nécessaire pour assurer sa cohésion.

En principe, les troupes du Soudan relèvent du ministre de la guerre, au même titre que les autres ; mais, en fait, elles sont sous l'autorité presque absolue du gouverneur du Soudan, qui est investi, par délégation du ministre de la guerre, des attributions les plus étendues. — Ces troupes sont considérées comme immobilisées, en toutes circonstances, sur les territoires qu'elles occupent, et ne doivent pas entrer dans l'évaluation des forces égyptiennes susceptibles de prendre part à une campagne dans la moyenne ou la basse Égypte.

Aujourd'hui, l'armée est exclusivement nationale, et forme un tout homogène. Elle est organisée à l'européenne, pourvue d'un bon matériel, instruite et disciplinée. Un nombre considérable d'hommes ayant déjà servi et pouvant être immédiatement incorporés lui constitue une réserve sérieuse.

Les éléments qui entrent dans sa composition sont :

En première ligne, les *fellahs*, qui fournissent la presque totalité du contingent. Ce sont d'excellents soldats, sobres, sans besoins, d'un caractère patient et discipliné, paresseux à l'occasion, mais très résistants à la fatigue, et particulièrement aptes aux travaux de terrassement.

Les *Coptes*, de religion chrétienne et de mœurs différentes de celles des fellahs, mais appartenant comme eux aux anciennes races de l'Égypte; ils n'entrent guère dans l'armée que comme comptables ou écrivains.

Les *Bédouins*, qui vivent dans le désert et servent comme auxiliaires irréguliers; ils fournissent les goums.

Les *Berberins* et les *Nubiens*, qui habitent le sud et forment le fond de la population de la vallée du haut Nil. Ils concourent surtout au recrutement des troupes du Soudan.

Les *Turcs*, peu nombreux et formant une sorte d'aristocratie, occupaient, jusqu'aux derniers événements, les hauts emplois de l'armée.

Les *Circassiens*, représentant dans l'armée égyptienne, comme autrefois les mameluks, l'élément asiatique, avaient conservé récemment encore une certaine importance. Un assez grand nombre de grades leur était réservé.

Ce deux derniers éléments ne sont cités ici que pour mémoire, car l'armée égyptienne est exclusivement commandée aujourd'hui par des officiers indigènes.

L'organisation militaire actuelle est la suivante :

A la tête de l'armée se trouve un ministre de la guerre et une administration centrale, répartie en bureaux.

L'état-major général comprend 24 généraux de division et de brigade, dont 5 étrangers.

Infanterie. — Le régiment est à 3 bataillons de 8 compagnies, sans dépôt. Il est commandé par un colonel ayant sous ses ordres un lieutenant-colonel.

Le cadre d'une compagnie comprend : 1 capitaine, 1 lieutenant, 1 sous-lieutenant, 1 sergent-major, 1 fourrier, 4 sergents, 8 caporaux, 1 clairon et 50 hommes.

La tenue d'hiver se compose d'une tunique plate et d'un pantalon court, en drap bleu de ciel; celle d'été est en toile blanche. — Les hommes ont, de plus, une capote en drap gris bleuté, des guêtres blanches et une couverture de campement. — La coiffure, uniforme pour toutes les armes, est le tarbouch. — L'arme est le fusil Remington; les clairons ont le revolver Colt.

Cavalerie. — Le régiment est à 4 escadrons. — Il est commandé par un colonel.

Le cadre d'un escadron comprend : 1 capitaine, 2 lieutenants, 2 sous-lieutenants, 8 sous-officiers, 16 brigadiers et environ 100 cavaliers.

La tenue d'été est en toile blanche; celle d'hiver est en drap gris de fer avec ornements écarlates et comporte un habit tunique et un pantalon large. Les cavaliers portent, à cheval, la botte ordinaire du modèle français, et à pied, le soulier sans éperons et la guêtre blanche. — La capote est la même que celle de l'infanterie. — L'armement consiste en une carabine Remington et un sabre du modèle de la cavalerie légère française.

Le harnachement est du modèle français, sauf le mors, qui est arabe. — La ferrure est arabe.

Le 1er régiment compte en plus deux escadrons destinés à accompagner la caravane de la Mecque. Ils ont la tenue et le harnachement arabes : ils sont armés de la carabine Remington et du sabre turc.

Artillerie. — Elle est divisée en artillerie de campagne et artillerie de côte.

L'artillerie de campagne comprend 2 régiments à 6 batteries dont 1 batterie à cheval.

Le cadre d'une batterie comporte : 1 capitaine, 2 lieutenants, 8 sous-officiers, 8 brigadiers et 80 à 100 hommes.

La tenue d'hiver est en drap bleu foncé; le pantalon est orné d'une double bande écarlate. La tenue d'été est en toile blanche. — Dans les manœuvres, les servants et les conducteurs n'ont que le revolver.

Le matériel consiste en canons Krupp de 8c et 9c, de modèle antérieur à 1870, et en pièces de 4 de montagne, françaises. — Les affûts des pièces en service sont en fer; les voitures sont d'ancien modèle français transformé.

Les 3 régiments d'artillerie de côte comprennent chacun 3 bataillons à trois compagnies.

Le matériel de forteresse est, paraît-il, peu considérable et consisterait surtout en anciens canons de 30, dont quelques-uns rayés.

Le matériel de côte est plus important : il comprend des pièces de fort calibre (canons Armstrong, canons de 30 transformés et rayés), au nombre d'environ 1500, réparties sur le littoral.

Il n'existe pas de train des équipages.

Les renseignements sur l'organisation de la compagnie du génie et des pelotons de torpilleurs font défaut.

Pour mémoire, il convient de mentionner encore : l'escorte du khédive et le corps des zaptiés.

L'escorte du khédive comprenait, avant les derniers événements, 1 peloton de spahis et 2 compagnies de gardes à cheval, formant un escadron. C'était une garde personnelle, composée de sujets d'élite.

Les zaptiés formaient, au Caire, une sorte de légion de gendarmerie, composée de cavalerie et d'infanterie, dont l'organisation paraissait calquée sur celle de la garde républicaine.

Indépendamment de cette légion, il existait des zaptiés, à pied ou à cheval, dans toutes les grandes villes.

Les grades se distinguent de la manière suivante :

Un galon de laine bordant le parement en pointe, pour le caporal ou brigadier ;

Deux pour le sergent ou maréchal des logis ;

Trois pour le sergent-major ou maréchal des logis chef ;

Quatre pour l'adjudant.

Ces galons sont de nuance bleu foncé dans l'infanterie ; écarlate dans la cavalerie ; jonquille, dans l'artillerie.

Deux soutaches, en bordure du parement, en pointe, dont une en or et une en argent, distinguent le sous-lieutenant ; deux soutaches en or, le lieutenant ; trois, le capitaine.

Deux soutaches en or, du modèle actuellement adopté en France, distinguent les adjudants-majors ; trois, les chefs de bataillon.

Les lieutenants-colonels portent quatre soutaches, dont deux d'argent ; et les colonels, quatre soutaches d'or.

Les officiers généraux portent trois soutaches (ancien nœud hongrois en usage en France), les épaulettes et les étoiles.

Établissements militaires. — Ils comprennent :

Les arsenaux du Caire, de Boulaq et d'Alexandrie ; les salles d'artifices du Caire, l'atelier de précision de Boulaq, la poudrerie de Tourah ;

Les ateliers d'habillement, de harnachement et de campement du Caire ;

Les manutentions du Caire et d'Alexandrie ;

Les hôpitaux militaires (et en même temps civils) du Caire et d'Alexandrie ;

Enfin les vastes casernes du Caire, d'Alexandrie, de Rosette, de Damiette et de Souhag (haute Égypte).

Système défensif de l'Égypte. — Le système de fortifications de l'Égypte se réduit à la ligne de défense des côtes septentrionales, à la forteresse de Qalaât-Saïdieh, construite au sommet du Delta, près du barrage du Nil, et à la citadelle du Caire.

La ligne de défense des côtes s'appuie sur les places d'Alexandrie, Aboukir, Rosette et Damiette.

Les fortifications d'Alexandrie n'ont pas grande valeur. Elles consistent, du côté de la mer, en forts et batteries qui étaient, paraît-il, assez bien armés au moment du dernier bombardement.

Du côté de la terre, la ville est protégée par une enceinte qui ferme en quelque sorte l'isthme sur laquelle elle est bâtie; en outre, sur les points les plus élevés du terrain compris entre l'enceinte et la ville proprement dite, il existe un certain nombre de forts généralement fermés à la gorge et reliés plus ou moins complétement à cette enceinte.

En réalité, la véritable force d'Alexandrie réside dans sa situation topographique; il serait possible d'en tirer un bon parti.

Entre Alexandrie et Rosette on trouvent des fortins, des tours, dont on ne peut préciser l'armement, mais qui sont tous pourvus d'eau potable.

Rosette, à l'embouchure de la branche occidentale du Nil, est entourée de remparts en mauvais état et protégée par un petit fort situé à 3 kilom. environ au nord, sur la rive gauche du fleuve.

Entre Rosette et Damiette, il existe quelques petits forts et blockhaus.

Damiette est défendue par trois forts, deux sur la rive droite du Nil, le troisième sur la rive gauche.

L'accès de Damiette est rendu difficile par l'état de la mer qui est généralement grosse, puis par les sinuosités, l'étroitesse et le peu de profondeur du chenal.

En résumé, la ligne de défense des côtes est assez faible, quand on la compare à la puissance des marines de guerre; et ce fait est d'autant plus grave que cette ligne est en même temps la base d'opérations obligée des adversaires de l'Égypte.

Depuis l'ouverture du canal, les trois points de Suez, Ismaïlia et Port-Saïd ont acquis une importance défensive qui semble avoir été négligée par le gouvernement égyptien.

Le centre de la défense du pays est Qalaât-Saïdieh, très forte place de guerre, construite par Saïd au sommet du Delta (Ventre de la Vache), un peu en aval de la bifurcation des deux branches principales du Nil. — Cette forteresse commande deux ponts-barrages qui permettent de régler les eaux du Nil et d'interrompre à volonté la navigation du cours inférieur du fleuve.

Elle peut servir, soit de place de concentration pour une armée en formation, soit de place de refuge pour une armée battue.

C'est une des clefs du pays.

Ses fortifications consistent en une enceinte bastionnée avec fossés pleins d'eau, affectant la forme d'un trapèze. Cette enceinte est couverte sur la rive droite de la branche orientale par les ouvrages détachés de Chalagan ; et sur la rive gauche de la branche occidentale, par ceux de Manaki.

Qalaât-Saïdieh peut contenir une garnison de 8,000 hommes, et recevoir un armement de plus de 400 pièces de canon. Elle renferme de vastes magasins et des approvisionnements considérables.

En dehors de la saison des basses eaux, tout travail d'approche contre la place est impossible.

La possession de ce point est indispensable à une armée d'invasion.

Quant à la place du Caire, les agrandissements de la ville ont fait tomber une partie de l'enceinte primitive, qu'on ne retrouve plus que dans les parties est et sud.

La citadelle, qui domine la ville au sud-est, est elle-même dominée par le mamelon du Moqattam sur lequel est un petit fort. Ces ouvrages ne sont cités que pour mémoire, car ils n'ont aucune valeur.

Il faut enfin, dans le système de défense de l'Égypte, ne pas négliger l'inondation périodique du Delta, qui rend le pays impraticable pendant quatre mois, de juin à octobre.

Comme marine de guerre, l'Égypte ne possède que 13 navires à vapeur, frégates, avisos, corvettes, etc., la plupart en assez mauvais état.

Le personnel compte environ 100 officiers et 2,000 matelots : le nombre de ces derniers pourrait, dit-on, s'élever jusqu'à 5 ou 6,000.

1,500 marins sont employés en temps ordinaire sur les bâtiments de l'État qui desservent les ports de la mer Rouge ou naviguent sur le Nil.

Dans l'appréciation des ressources défensives de l'Égypte, il faut encore tenir compte des sentiments qui animent la population et l'armée.

A cet égard, la chute d'Ismaïl-Pacha a été le signal d'une transformation de l'esprit public. Le contact des étrangers et la vue des progrès accomplis en Europe ont fait naître dans ce pays un souffle d'émancipation et un sentiment d'autonomie, qui ont gagné l'armée. Le renvoi dans leurs foyers d'un nombre considérable d'officiers atteints par les réductions de personnel a développé ces dispositions. Désormais l'armée croit remplir un mandat national, et toutes les classes de la population l'encouragent de leurs sympathies.

En résumé, une armée régulière de faible effectif, mais bien organisée ; des réserves nombreuses et solides ; un personnel de travailleurs inépuisable ; un système défensif sans grande puissance, mais protégé dans sa partie centrale par la crue du Nil ; un matériel abondant ; un climat dangereux ; des nomades irréguliers assez nombreux et toujours prêts ; le fanatisme et ses complications : tels sont les moyens de défense dont dispose l'Égypte ; ils sont de nature à donner un certain caractère de gravité à la lutte que l'Angleterre vient d'entreprendre (1).

(1) Tiré de la *Revue militaire de l'étranger*.

Di
Le
Pr
Cl
Hy
Ha
Mo
Sa
Vo
Ou

1
2
3
4
5
6
7
8

1.
2.
3.
4.
5.
6.
7.
8.

TABLE DES MATIÈRES.

I. — Renseignements généraux.

II. — Statistique.

III. — Itinéraires. — Chemins de fer.

Basse Égypte. — Lignes d'invasion.

Paris. — Imprimerie L. BAUDOIN et Ce, rue Christine, 2.

www.ingramcontent.com/pod-product-compliance
Ingram Content Group UK Ltd.
Pitfield, Milton Keynes, MK11 3LW, UK
UKHW021219140726
13695UKWH00002B/643